Alain Pelosato

Voyages dans le temps

paradoxes spatiotemporels

sfm éditions

1

Table des matières

sfm éditions
ISBN 978-2-915512-27-4
9782915512274
Dépôt légal janvier 2019

Histoire des voyages dans le temps au cinéma

À l'origine, il y a eu *La Machine à explorer le temps* (1895), roman de H. G. Wells, mais la matrice de bien des histoires de voyage dans le temps se trouve dans la nouvelle de Poul Anderson *La Patrouille du temps*, publiée en 1955. Dans cette nouvelle, une patrouille du temps est constituée afin de pourchasser les interventions des uns et des autres dans le cours du temps pour éviter de changer l'histoire... De fait, la tentation se présente toujours de modifier l'avenir à son avantage.

Voyager vers le futur pour le connaître

On connaît le passé, à quoi ça servirait d'y retourner ? Donc les premiers films sur les voyages dans le temps étaient un prétexte pour connaître notre futur, pour montrer ce que nous réserve l'avenir. Ce fut le premier film **La Machine à explorer le temps** de George Pale (1960), une adaptation du roman de H.G. Wells.

Voyager vers le passé pour changer le futur

Et puis, certains auteurs ont imaginé que l'on pouvait changer le présent en allant modifier le passé. Le film classique sur ce thème est **L'armée des 12 singes** de Terry Gilliam (1996), le réalisateur de *Brazil* a réalisé ce film de voyages dans les temps de fin du monde. Film inspiré de *La Jetée* de Chris Marker. Ce film n'est pas didactique. Il n'explique rien. Il montre les aventures du voyageur venu d'un futur terrifiant, envoyé à notre époque pour tenter de le rendre meilleur...
Une série télévisée développe ce film : **12 Monkeys** (2015 – 2018) de Natalie Chaidez, Travis Fickett, Terry Matalas. Avec le même titre, les mêmes personnages.
Une autre série télévisée reprend le même thème : **Les Voyageurs du temps** (2016-) de Brad Wright. Ce dernier s'est déjà fait un nom en créant les séries *Stargate,* et les films qui vont avec, mais aussi la série *Au-delà du réel*...
Et évidemment sur ce thème, il y a la série des **Terminator** ! Le premier, celui qui a ouvert la voie : **Terminator** de James Cameron (1984), qui reste dans toutes les mémoires et qui lie deux thèmes majeurs de la SF : le voyage dans le temps et la domination des « machines »...

La physique quantique, la relativité et les multivers : le voyage dans le temps et la science moderne

Aujourd'hui, l'univers, le cosmos n'est plus ce qu'on croyait qu'il fût il y a peu. On connaît sa taille, on sait quand il est né (il y a 13,8 milliards d'années, âge déterminé grâce au satellite Planck), on sait même observer quand il a émis ses premiers rayons lumineux, c'est-à-dire 380 000 ans après sa naissance grâce à ce qu'on appelle le fonds diffus cosmologique, ce rayonnement fossile qui baigne tout notre univers...

Sachant tout cela, il va de soi que le voyage dans le temps prend une autre allure. Tout ce qui a été fait est à revoir. Les séries de télévision ci-dessous ont commencé à traiter la question avec audace. La série *Stargate* aussi. Un film récent le fait de manière sans crainte : **Interstellar** de Christopher Nolan (2014).

Et aussi le superbe **Déjà vu** de Tony Scott (2006).

Les scénaristes ont encore beaucoup de boulot devant eux. Pour notre plus grand plaisir... Et les physiciens aussi qui sont à la recherche de la grande théorie du TOUT... Pour cela il faudra réussir à unifier la physique quantique et la relativité.

DENZEL WASHINGTON
UNE PRODUCTION JERRY BRUCKHEIMER UN FILM DE TONY SCOTT
DÉJÀ VU
Déjà-vu n.m. inv. : Impression intense d'avoir déjà vécu la situation actuelle dans le passé, avec la même tonalité affective.

Réalisateurs de voyages dans le temps

Terry Gilliam, né en 1940. Coréalisateur des célèbres *Monthy Pithon*, Terry Gilliam fait cavalier seul en réalisant *Jabberwocky* (1976). Son film *Brazil* est devenu un film culte, et son *Les Aventures de Münchausen* (1988) est un véritable délire visuel après celui de son prédécesseur Josef von Baky en 1943. Enfin, *L'armée des 12 singes* a connu un grand succès.

Bandits, bandits (1982) Parodie de voyage dans le temps. (Monthy Pithon)
Brazil (1985) Un monde kafkaïen en plus délirant.
Les Aventures du baron de Münchhausen (1988)
Fisher King (1991) Quête du Graal chez les clochards.
L'armée des 12 singes (1996) Voyages dans le temps pour sauver les derniers survivants d'un holocauste viral.
Las Vegas parano (1998). La seule vraie scène fantastique de ce film est celle de la chauve-souris (au début) et aussi, un peu, celle des hallucinations dues à la drogue dans le bar...

Peter Hyams, né en 1943. Il a commencé sa carrière cinématographique comme cameraman pendant la guerre du Vietnam. Après quelques polars, une hésitation avec le bon *Capricorn One*, il se met enfin au fantastique. *Relic* met en œuvre de très bons effets spéciaux pour une histoire de monstre...

Capricorn One (1978). La NASA reconstitue un débarquement sur Mars en studio et fait croire au monde entier qu'il a vraiment eu lieu. Une idée de scénario géniale très bien mise en scène. Bien que ce ne soit pas un film fantastique, il pose le problème de l'illusion parfaite de la réalité donnée par l'image. Fantastique non ?

Outland (Loin de la terre) (1981). « Le train sifflera trois fois » transposé sur la planète Jupiter.

2010 odyssée 2 (1985). La suite de *2001*.

Timecop (1994) Idée reprise de la *Patrouille du temps* avec Jean-Claude Van Damme toujours aussi souple et athlétique.

Relic (1996) Un monstre terrifiant, produit par manipulation génétique avec un explorateur sème la terreur dans un musée. Mélange des « Dents de la mer » et d'« Alien ».

La Fin des temps (1999)

Un coup de tonnerre (2005)

Stuart Gordon, né en 1946. Il fut metteur en scène de théâtre avant de réaliser *Reanimator*. Il a réalisé les deux plus terribles

adaptations de Lovecraft, avant le *Necronomi-con* (1993 – Brian Yuzna, Christophe Gans et Shushuke Kaneko), bien sûr ! Il travaille avec Brian Yuzna qui a créé sa propre maison de production en Espagne.
Re-animator (1985). Adaptation des nouvelles *Herbert West* de Lovecraft. Brrr...
Aux Portes de l'au-delà (1986). Adaptation d'une autre nouvelle de Lovecraft. Rebrrrr...
Les Poupées (1987). Sales petites poupées sanguinaires.
Fortress (1991). Gordon passe à la science-fiction.
Dagon (2002) Inspiré de la nouvelle de Lovecraft *Le Cauchemar d'Innsmouth*.
Le Cauchemar de la sorcière *(2005)*
Stuck *(2007)*
House of Re-Animator (2010)

James Cameron, né en 1947. De *Terminator* à *True Lies* », et *Titanic* (1998), James Cameron ne lésine pas sur les effets spéciaux qui font de ses films des étapes technologiques dans l'histoire du cinéma fantastique. Ne gâchons pas notre plaisir avec des refus un peu trop intellectualistes.
Piranha 2 (1983) La suite de *Piranha* (1978) de Joe Dante. (Cameron a vraiment honte de ce film)
Terminator (1984) Un robot presque indestructible vient du futur pour tuer une pauvre femme innocente qui devra enfanter le futur

résistant contre les futures machines qui domineront le monde.

Aliens, le retour, le retour (1986) La suite d'Alien le huitième passager (1979) de Ridley Scott. Un commando de marines se rend sur une planète envahie par les monstres.

Abyss (1989) Des gentils extraterrestres sous-marins sauvent des prospecteurs d'une base de grande profondeur.

Terminator 2 (1991) Cette fois deux robots arrivent du futur.

Avatar (2009)
De nombreuses suites d'Avatar sont prévues...

Robert Zemeckis, né en 1952. Il connaît le succès avec son film *À la poursuite du diamant vert* en 1984, puis avec le film très habile *Qui veut la peau de Roger Rabbit ?* en 1987. C'est le réalisateur de la série *Retour vers le futur*, une réhabilitation comique du voyage dans le temps. Il aime l'humour fantastique qu'il développe également dans *La Mort vous va si bien*. Il est un des producteurs de la série *Les Contes de la crypte* dont il a réalisé un très bon épisode : *Nuit de Noël pour femme adultère*.

Retour vers le futur (1985). Un adolescent se fait des parents à sa mesure en retournant dans le passé.

Histoires fantastiques (1987) avec Spielberg.

Retour vers le futur 2 (1989). Suite.

Retour vers le futur 3 (1990). Suite.

La Mort vous va si bien (1992).   Deux femmes rivales ne meurent jamais grâce à un élixir vendu par une sorcière. Mais leur corps, lui continue à mourir...

Contact (1997).   Adaptation de l'ennuyeux roman de Carl Sagan.

Apparences (2000). Fantôme vengeur.

Jeffrey Jacob Abrams (1966)

A commencé comme scénariste puis s'est lancé dans les séries télé avec *Alias* et *Lost*. Ce serait Tom Cruise qui est venu le chercher pour la réalisation de *MI3* (*Mission impossible 3*). À partir de ce moment, il va développer une carrière incroyable dans le domaine de la SF. Il va aussi lancer une série télé de légende : ***Fringe***.

Star Trek (2009) Excellent film en hommage à la série télé.

Super 8 (2011) Excellent film sur la création cinématographique!

Star Trek Into Darkness (2013) Toujours aussi bon, mais un peu exagéré.

Star Wars le réveil de la Force (2015) Faut aimer la série.

MASTERS OF HORROR
STUART GORDON
LE CAUCHEMAR DE LA SORCIÈRE

LES FILMS

La Machine à explorer le temps de George Pale (1960), c'est dans ce film que l'on voit les Morlock, monstres de caoutchouc dont l'image est encore toujours utilisée pour illustrer le film fantastique. Une très belle adaptation du roman de H.G. Wells.

La Jetée de Chris Marker (1963), voyages dans le temps de rescapés de la troisième guerre mondiale. Photographies (immobiles par définition) et mouvement des paupières d'une femme qui ouvre les yeux, une profonde réflexion sur le temps qui nous atteint en profondeur. Les films de Chris Marker ne sont pas faciles, mais l'effort fait pour les regarder est récompensé par un souvenir ineffaçable.

La Malédiction d'Arkham de Roger Corman (1963)
Charles Dexter Ward renaît une fois de plus pour la malédiction de la petite ville d'Arkham. Bonne adaptation de Lovecraft. On annonce A. E. Poe au générique, mais c'était parce que Lovecraft n'était pas connu, et Corman était célèbre pour ses adaptations de Poe qui n'a rien à voir avec ce film.

Je t'aime je t'aime d'Alain Resnais (1967), voyage dans le passé, inutile pour retrouver un amour perdu.

Abattoir 5 de George Roy Hill (1971), un traumatisme de la guerre 39-45 projette un patient sur les lieux et à l'époque du drame qu'il a vécu : le bombardement de Dresde qui fit 130 000 morts.

Baron vampire de Mario Bava (1972)
Le château est magnifique.
Le style emprunté de Mario Bava ainsi que le jeu des acteurs donnent un certain style à ce film, bien qu'il le date également.
Comme toujours dans ses films, le spectateur est ébloui par certains plans d'expressionnisme de couleurs, spécifique de ce courant italien des films dits Giallo, repris et développé par Dario Argento. C'est le cas notamment pour la scène de l'arrivée au château et celle de l'incantation.
Bien qu'il y ait le mot « vampire » dans le titre, il ne s'agit pas d'un vampire, mais d'un revenant. Néanmoins, le scénario mélange les thèmes de Dracula, Bathory et l'affaire Charles Dexter Ward de Lovecraft...

Phantasm de Don Coscarelli (1978). Très jeune, le réalisateur s'est taillé un succès avec ce film dans lequel les zombies sont indestruc-tibles, la meilleure invention restant les sphères brillantes et munies de plein d'instruments pires qu'un couteau suisse. Don Coscarelli a continué : *Phantasm II* (1988) *Phantasm III* (1993) et *Phantasm IV* (1998) Surtout pour *Phantasm IV*...

Star Trek de Robert Wise (1979), reprise en film des histoires du vaisseau Enterprise et du mythique vulcain Spock aux oreilles pointues. Plusieurs suites : *Star Trek II : la colère de Khan* par Nicholas Meyer (1982) et *Star Trek III : à la recherche de Spock* de Leonard Nimoy (1984) – *Star Trek IV : retour sur Terre* de Leonard Limoy (1987) – *Star Trek V : l'ultime frontière* de William Shatner (1989) – *Star Trek VI : Terre inconnue* de Nicholas Meyer (1991) – *Star Trek generations* de David Carson (Picard prend le relais...) (1994) – *Star Trek premier contact* de Jonathan Frakes (1997) et *Star Trek insurrection* de Jonathan Frakes (1998) (voir ma critique à ces années pour ces deux derniers films).

Quelque part dans le temps de Jeannot Szwarc (1980). Très belle histoire d'amour tirée du roman de Richard Matheson *Le Jeune homme la mort et le temps*. Qui a commencé : est-ce l'amour qui a conduit le jeune homme à voyager dans le temps pour retrouver sa bien-aimée ou le temps qui a conduit le jeune homme à l'amour ? Richard Matheson fait une apparition dans le film.

Nimitz, retour vers l'enfer de Don Taylor (1980), un porte-avions de la marine U.S. de notre époque se retrouve en pleine bataille de Pearl Harbor. Doit-il intervenir pour changer le cours de l'histoire ?

Bandits, bandits (1982) de Terry Gilliam. Parodie de voyage dans le temps. (Monthy Pithon)

Evil Dead de Samuel Raimi (1982), une bande de jeunes passent le week-end dans une cabane isolée dans la forêt, séjour loué dans une agence. Dans la cave, ils trouvent un manuscrit de peau et un magnétophone. Ils écoutent de mystérieuses incantations psal-modiées sur la bande. Elles appellent d'hor-ribles démons invisibles qui possèdent les corps et les esprits. « Viens avec nous... » En-tendent-ils murmurer dans leur crâne. Ce film que Sam Raimi a réalisé à vingt-deux ans avec un très faible budget est devenu un film culte. Gore et terreur grandiloquente produisent deux effets : la terreur ou le rire devant les exagérations du film. C'est en tirant parti de ce deuxième effet que Sam Raimi a réalisé deux suites de plus en plus extravagantes : *Evil Dead 2* en 1987 et *L'armée des ténèbres* en 1993.
Pour **Evil Dead 3 – L'armée des ténèbres**...

Terminator de James Cameron (1984), venu du futur, un robot exterminateur cherche à tuer une charmante jeune fille qui doit enfanter le chef des résistants à la dictature des machines que connaît son époque. Il est suivi par un résistant qui doit, lui, protéger la jeune femme. Il lui fera un enfant (devinez qui ce sera ?) et ils élimineront le robot magistralement joué par Schwarzenegger. Formidables scènes d'actions ponctuées de surprises.

La suite, réalisée par le même, est encore mieux : *Terminator 2, le jugement dernier* (1991). Deux robots viennent du futur, l'un pour tuer le jeune garçon qu'est devenu le fils du résistant, l'autre pour le défendre. La surprise, c'est que le gentil robot est Schwarzenegger. Fabuleux effets spéciaux du robot en métal liquide qui peut prendre toutes les formes et reste indestructible. Ils changeront l'avenir, car c'est le futur revenu à notre époque qui a produit cet avenir. Bon ! C'est un paradoxe des voyages dans le temps. On n'a pas fini de prendre des migraines avec ces paradoxes avec *Terminator 3 : le soulèvement des machines* de Jonathan Mostow (2003).

Retour vers le futur de Robert Zemeckis (1985), un jeune adolescent est envoyé par son vieil ami inventeur dans un passé proche où il pourra transformer son présent pour changer sa vie en mieux. Le bon vieux rock de ma jeunesse... Très divertissant. Une réussite de l'adaptation cinématographique du thème du voyage dans le temps. Ce n'était pas si facile que cela à trouver... Changer son avenir en retournant dans le passé, voilà qui est sympathique. Et tant pis pour tous ces pisse-vinaigre de la science fiction qui ont tenté de faire croire que ce serait dramatique... Deux suites par le même réalisateur : *Retour vers le futur 2* (1989) et *3* (1990).

Aux Portes de l'au-delà de Stuart Gordon (1986), Gordon adore adapter Lovecraft. Un film terrifiant qui suggère que la folie est la possession de notre esprit par des entités de l'au-delà. Un scientifique a inventé une machine pour passer dans la sphère des Grands Anciens. Cela aura des conséquences incalculables sur lui-même et son assistant (joué par Jeffrey Combs). Les efforts de la jolie psychiatre pour comprendre la situation ne pourront la mener qu'à la folie.

Biggles de John Hough (1986). Avec le grand Peter Cushing. Une histoire de voyage dans le temps pas très passionnante.

La Créature des ténèbres de Jean-Paul Ouelette (1992)
Le nom du réalisateur est très lovecraftien.
Un drôle de film très ringard. Les acteurs sont mauvais, le réalisateur est mauvais et le montage est nul.

Enfin, l'intérêt réside dans l'adaptation de Lovecraft.

Ici ils annoncent une inspiration de deux œuvres : *Le Témoignage de Randolph Carter* (1919) et *L'indicible* (1925). D'ailleurs le titre en anglais de ce film est *The Unnamable Returns*, une séquelle du film *The Unanamable* de William Johns (Jean-Paul Ouelette) (1988) que je n'ai pas vu. Le titre du film reprend le titre de l'œuvre de Lovecraft qui a été traduite par *L'indicible*.

« C'est de la physique quantique, mais vous, vous devez connaître ça sous le nom de magie ». Déclare Carter à la belle Alyba Winthrop qui est issue du monstre. Bien sûr il y a le Necronomicon et beaucoup de morts atroces, mais on reste blasé devant la nullité des effets spéciaux...

Timecop (1994) de Peter Hyams Idée reprise de la *Patrouille du temps* avec Jean-Claude Van Damme toujours aussi souple et athlétique.

Star Trek : generations de David Carson (1994)

Le capitaine Kirk meurt, renaît et renaît...

Le lien de tout cela est un homme qui a trouvé le Nirvana en détruisant un système solaire au moment où passe un « ruban » spatiotemporel qui vous envoie dans le « Nexus ».

Bof...

L'armée des 12 singes de Terry Gilliam (1996), le réalisateur de *Brazil* a réalisé ce film de voyages dans les temps de fin du monde. James Cole ne sait plus où il en est... Quel est ce rêve ? Qui est cet enfant qui assiste à la mort violente d'un homme dans le hall d'un aéroport ? ... Film inspiré de *La Jetée* de Chris Marker. Après le virus qui a tué cinq milliards d'êtres humains, la société des rescapés est un mélange de barbarie et de technologie avancée. James Cole est envoyé dans le passé, avec une mission relativement obscure, et ses envoyeurs font des erreurs de destination. Il passe facilement pour un fou à l'époque où il atterrit. Il se retrouve enfermé dans un asile psychiatrique : un tunnel aux murs blanchis à la chaux. À la télé, placée très haut, inaccessible, on passe Tex Avery et les Max Brothers... Les scènes d'agitation de Jeffrey, magistralement interprété par Brad Pitt, sont saisissantes. Un clochard effrayant prononce des avertissements de schizophrène qui sonnent pourtant juste aux oreilles de James Cole (interprété par Bruce Willis). La psychiatre finirait presque par convaincre James qu'il est fou, puis il fait semblant de l'être pour ne plus retourner dans le futur... Or, c'est le psychiatre qui décide de ce qui est vrai ou de ce qui est faux. Comment savoir ? De toute façon, il vaut mieux être fou que de supporter la réalité. Il y a aussi des extraits des films

Vertigo (*Sueurs froides*) et *Les Oiseaux* d'Hitchcock...

Star Trek premier contact de Jonathan Frakes (1997), bon ! bon ! je l'avoue : je n'ai jamais été emballé par la série des Star Trek, ni par leurs longs métrages. Je suis allé voir celui-là par obligation professionnelle, et alors là : surprise ! J'ai été emballé ! Ce film est formidable !

Sphere de Barry Levinson (1997). Avec Sharon Stone qui est toujours aussi formidable ! Quant au reste... une histoire d'extraterrestre perdu au fond des mers dans un vaisseau spatial américain venu du futur et échoué là depuis trois cents ans. Un petit suspens dû aux paradoxes des voyages dans le temps et un hommage appuyé à *Vingt mille lieues sous les mers* de Jules Verne. Michael Crichton semble avoir usé ses capacités d'imagination... Le genre de film où l'on s'y croit quand on le regarde, parce qu'il est bien fait, et on est déçu ensuite.

Wishmaster de Robert Kurtzman (1997). Robert Kurtzman a fondé l'atelier KNB avec Greg Nicoreto et Howard Berger. Il a réalisé les effets spéciaux de *Evil Dead 2* (1987) de Sam Raimi et *Les Griffes de la nuit (Freddy 3)* (1987) de Chuck Russel, puis KNB sera dans le coup de *L'antre de la folie* (1994) de John

Carpenter, *L'armée des ténèbres* (1993) de Sam Raimi, *Une Nuit en enfer* (1996) de Robert Rodriguez et *Vampires* (1997) de John Carpenter.

Il n'est donc pas étonnant que ce film (*Wishmaster*) soit truffé d'effets spéciaux de très grande qualité qui en font une œuvre intéressante. Un tel film est toujours vu par nombre de critiques avec des yeux de pisse-vinaigre. C'est dommage. Ainsi, par exemple, lors de sa sortie en 1968, *La Nuit des morts-vivants* (George Romero) était classé dans le fin fond des séries B. Aujourd'hui, personne n'ose nier que c'est un chef-d'œuvre. Autre exemple. Voici ce qu'écrivait Aurélien Ferenczi dans Télérama à propos de *L'antre de la folie* (1994) de John Carpenter : « *... le scénario se prend vite les pieds dans des complications inutiles... Une fois de plus Carpenter ne tient pas ses promesses.* » Le film n'a même pas droit à un seul T de cotation ! En juin 1998, une autre chaîne de télé diffuse le même film. Entre temps, la cinémathèque a rendu hommage à John Carpenter (voir ci-dessus la critique du film *Vampires*), alors... Télérama a bien pris la précaution de ne pas reprendre la même critique comme elle le fait souvent. C'est donc Jacques Morice qui écrit : « *On ne dira jamais assez combien Carpenter sait faire rimer fantastique et poésie visuelle.* » Et le film est coté avec deux T ! Je pourrais répéter à l'infini ce type de citation avec la manière dont les critiques traitent, autre exemple, un cinéaste comme Dario Argento...

Alors, fort de cette petite leçon de modestie pour les critiques, ne faites pas confiance à ceux qui critiquent un film fantastique, car souvent, ce film les dérange. Allez le voir pour juger vous-même ! *Wishmaster* est intéressant à plus d'un titre, en mettant de côté les quelques maladresses de mise en scène et de montage. D'abord, le thème traité : celui du djinn. Les incarnations du mal prennent différentes formes dans le folklore des peuples. Cette forme, ils la leur donnent en fonction de leur histoire, de leur religion, de leurs peurs intimes. Le djinn est un esprit de l'air inventé par les Arabes. Il est parfois malfaisant, mais aussi parfois bienfaisant. Souvent (et c'est le cas dans ce film) on confond les djinns avec les shayâtîn qui sont les démons de l'islam. Comme eux, les djinns ont été créés à partir du feu par Allah. Ils ont le don d'être partout, d'« *écouter aux portes du ciel* » (Coran XV, 18). Voilà donc un diable original chez nous et que bien peu d'auteurs ou de cinéastes ont mis en scène en occident, contrairement aux pays arabes, telle l'Égypte. « *Les contes anciens sont bien plus noirs* », déclare le djinn qui a pris l'apparence de l'héroïne du film.

Un grand écrivain anglais (et non pas américain comme beaucoup le croient, car il met toujours en scène ses histoires aux États-Unis...) l'a fait : Graham Masterton avec *Le*

Djinn (19977). Cet auteur génial écrit des histoires inspirées des mythes et légendes. Et, justement, je trouve que le film *Wishmaster* emprunte beaucoup à son œuvre. En m'excusant de me citer, voici ce que j'écrivais dans le numéro 38 de la revue Phénix : « *Les romans de Masterton sont tous construits de la même manière, basés sur un thème éminemment fantastique, celui de l'apparition de créatures, d'entités, de démons venus d'ailleurs [...] Ainsi, un objet [...] devient le siège d'un démon qui peut ouvrir les portes de l'au-delà.* » Ici, c'est bien le thème central du film *Wishmaster*. Et ce n'est pas tout. Chez Masterton, devant les manifestations inexplicables du démon, le héros rencontre un érudit qui lui donne des pistes et une bibliographie pour comprendre. C'est le cas aussi dans le film. Le scénariste Peter Atkins avait-il lu les œuvres complètes de Masterton ?

Wes Craven, qui avait su apprécier les dons d'artiste maquilleur de Kurtzman a produit son film. Ce dernier, en hommage aux films fantastiques a embauché une série d'acteurs ayant joué le rôle principal dans un film mythique : Robert Englund d'abord, le comédien qui a joué *Freddy*, Tony Todd dans *Candyman* (1992) de Bernard Rose, Reggie Banister pour *Phantasm* (1979) de Don Coscarelli et Kane Hodder pour *Vendredi 13* (1980) de Sean S. Cunningham.

Comme dans les romans de Masterton, le film commence sur les chapeaux de roues avec une scène terrifiante en Perse au douzième siècle. Il y a un laboratoire ce qui mêle dans l'esprit du spectateur science et occultisme et le djinn est délivré par un laser utilisé pour tenter d'analyser l'objet qui le tient prisonnier (une énorme pierre précieuse...) Le djinn est une créature qui se nourrit des vœux des humains. Il les satisfait à sa manière qui est très cruelle. Le débat entre la rationalité et l'irrationalité, classique dans ce genre d'histoire, est vite clos aux dépens de la première, car, de nos jours, *« Il n'y a plus de charmes, plus d'espoirs, plus de magie... »* Le djinn, lui, représente le désespoir. Et alors, les statues se mettent en marche et Jack l'éventreur sort de son tableau. Gare !

La suite : *Wishmaster 2* de Jack Sholder (1998) est encore mieux ! Ce qui n'est pas le cas de *Wishmaster 3* de Chris Angel (2001) qui se laisse néanmoins regarder... Et il y a aussi un *Wishmaster 4* de Chris Angel également ! Ces séquelles sont un peu plus portées sur le sexe...

Perdus dans l'espace de Stephen Hopkins (1998). Famille – Patrie (la Terre) – Voyage spatial. Superbes engins spatiaux. J'adore ça ! Avec l'acteur Matt Le Blanc qui joue Joey dans *Friends* (pour les fans, et il y en a beaucoup...). Gary Oldman, lui, qui a joué Dracula, se spécialise dans les rôles de méchant, ici, après *Le Cinquième élément*. Son personnage déclare d'ailleurs dans le film : « *La traîtrise n'est pas un trait de caractère, mais un choix philosophique.* » Un traître presque sympathique quoi... Un bon vieux film de science fiction qui n'a pas grand-chose de nouveau à raconter. Au fait : c'est tiré d'une série de télévision des années soixante, et il y en a une autre du même nom sur Netflix.

Peut-être de Cédric Klapisch (1999). Une histoire de voyage dans le temps à la française. On s'ennuie...

Fréquence interdite de Gregory Hoblit (2000). Hoblit nous avait déjà charmés avec *Le témoin du mal* et là on ne boude pas son plaisir. Suspense intense, montage qui évoque formidablement la liaison temporelle des événements. Un film formidable de voyage dans le temps. Très inventif.

Donnie Brasko de Richard Kelly (2001). Donnie Darko est perturbé, il prend des psychotropes, est somnambule et a un "nouvel ami" (dit-il à son psy). Cet ami, Franck, annonce la fin du monde dans 28 jours, 60 heures, etc. Le compte à rebours commence. Un moteur d'avion tombe sur la maison. Personne ne sait d'où vient ce moteur et il ne faut dire à personne que personne ne sait. Un dialogue sur le sexe des Stroumpfs. Grand-Mère la Mort a cent un ans et fait la même chose tous les jours : elle va ouvrir sa boîte aux lettres dans laquelle il n'y a jamais de courrier. Il est discuté en classes de la nouvelle *Les Destructeurs* de Graham Greene. *« Tu crois aux voyages dans le temps ? »* demande Franck à Donnie. Il y a des élections présidentielles. Un livre : *La philosophie du voyage dans le temps*. C'est Grand-Mère la Mort qui l'a écrit ce livre qui écrit des *« tas de trucs »* que voit Donnie. *« Toute créature vivant sur Terre meurt seule »* avait chuchoté la vieille dame à l'oreille de Donnie. *« J'ai pas envie d'être seul »*, répond Darko à sa psy. Une fabuleuse séance de cinéma avec Franck où l'on projette *Evil Dead*. Et il y a aussi *La dernière tentation du Christ*. La prof non conformiste est virée : *« Nous sommes tous en train de les* (les enfants) *livrer à l'indifférence »* déclare-t-elle. Un moteur d'avion tombe sur la maison de Donnie. Le compte à rebours est terminé. Le plus émouvant film de voyage dans le temps que j'aie jamais vu... Plus émouvant même que *Quelque part dans le temps*.

Returner de Tokashi Yamasaki (2002), est une compilation de l'histoire de *ET*, de *Terminator*. Le héros est une petite fille qui revient dans le passé pour sauver le monde, mais pas du tout comme on s'y attendrait... Il y a plusieurs fausses fins et on se demande laquelle sera la bonne... Pas si mal comme film...

2009 Lost Memories de Si-Myung Lee (2002). Prix du public Gerardmer 2003. Un film coréen. Une uchronie à la Philip K. Dick. En 1909 le gouverneur japonais de la Corée est assassiné. Cela entraîne d'étranges réactions dans l'histoire. Le Japon devient l'allié des États-Unis. La bombe atomique n'est pas larguée sur le Japon, mais sur Berlin. La Corée a été intégrée au Grand Japon. Elle n'existe plus en tant que pays. Il y a du *Blade Runner* dans ce film, mais aussi du *Maître du haut château*[1] et encore du *Armée des 12 singes* et, pourquoi pas... du *Terminator*.
Un objet archéologique permet les voyages dans le temps : un croissant de lune en pierre. C'est en réalité un couteau de sacrifice. L'âme de la Lune est la clé du temps... Pour retrouver la Corée il faut revenir à 1909... Ce film est très lent, mais très beau. Le bonus DVD est exceptionnel : le réalisateur, interviewé explique pourquoi il n'est pas content de son film ! Unique...

La Machine à explorer le temps de Simon Wells (2002). Ouais.. Bon. Un film d'aventures

---

[1] Roman « uchronique » de Philip K. Dick

qui se laisse bien regarder. Réalisé par Wells lui-même !

Paycheck de John Woo (2003). Un joli film d'action à partir de la nouvelle homonyme de P. K. Dick. John Woo a réalisé ce film alors qu'il *« n'a jamais lu de roman de K. Dick »* (Interview dans Sfmag N° 42 mars 2004) Il a également déclaré à propos de son film : *« J'avais l'occasion de jouer avec le destin d'un homme, et en plus de lui donner une histoire d'amour qui voyage dans le temps, et qui constitue le seul élément qui ne soit pas perdu »* (Idem)

Terminator 3 : le soulèvement des machines de Jonathan Mostow (2003). Cameron n'ayant pas voulu récidiver c'est Mostow qui a pris les manettes de ce Terminator 3. Ce film est surtout une transition pour T4 qui va nous montrer la guerre des machines... C'est bien joué, bien filmé, impressionnant et violent, mais sans plus. De nombreux enfants étaient dans la salle où je suis allé le voir... Les effets spéciaux sont excellents, Schwarzy toujours aussi ironique et les scènes excellemment filmées.

Beyond the Wal of Sleep de Barrett Klausmann et Thom Maurer (2004)
Il s'agit de l'adaptation fidèle de la nouvelle de Lovecraft « Par-delà le mur du sommeil » qui

a inspiré de nombreux films avec son asile psychiatrique dont le fameux ***Aux Portes de l'au-delà*** (1985) de Stuart Gordon, alors que les adaptations de Lovecraft étaient rares au cinéma. Tom Savini joue le shérif dans ce film !

Un homme enfermé dans un asile d'aliénés subit d'étranges expériences. Il fait partie d'une peuplade maléfique. Les rêves que nous faisons nous mettent en contact avec d'autres mondes.

Un mixage de plans alternés en noir et blanc et en couleurs.

Un psychiatre expérimente des décharges électriques sur une patiente. On se demande qui sont les fous : les malades ou les médecins, comme dans la nouvelle de Poe ***Le Système du Docteur Goudron et du professeur Plume*** (1845) où les « fous » prennent le pouvoir dans l'asile et remplacent avantageusement les médecins...

La nouvelle de Lovecraft a été publiée dans Pine Copes en 1919 et dans Weird Tales en 1938. Traduction Jacques Papy et Simone Lamblin. Il y en a peut-être d'autres maintenant, car c'est la mode depuis que les œuvres de Lovecraft sont tombées dans le droit public...

La Porte des secrets de Iain Softley (2004)
On s'ennuie ferme pendant ce long film où il ne se passe pas grand-chose. Une histoire de

réincarnation grâce au vaudou. Un film un peu lovecraftien, de la veine de *L'affaire Charles Dexter Ward.* Il vaut la peine d'être vu pour les bayous et les paysages de la Nouvelle-Orléans. L'imagerie fantastique de *la porte secrète* dans le grenier n'est pas du tout approfondie. C'est dommage. En fin de compte c'est le scénario qui laisse à désirer par son laisser-aller...

L'Effet papillon de Jay Mackye Gruver et Eric Bress (2004). Ah ! Ces voyages dans le temps ! Faut se méfier des conséquences...

Les Prisonniers du temps de Richard Donner (2004). On est toujours dans le voyage dans le temps. Ici on va au Moyen Âge et on y reste longtemps.

Le Cauchemar de la sorcière de Stuart Gordon (2005)
Une adaptation réussie - comme toutes celles de Gordon - d'une œuvre de Lovecraft *La Maison de la sorcière* (*The Dreams in the Witch-House* – 1932)
Un étudiant en physique emménage dans une chambre au dernier étage d'une sombre bâtisse. Il sera hanté par la sorcière qui sévit dans les combles. Cette histoire est une des meilleures de Lovecraft. Il y montre sa connaissance approfondie des dernières découvertes scientifiques. Gordon continue dans

cette veine en faisant expliquer à son personnage les dernières découvertes en mécanique
quantique : la théorie des cordes et des
branes… Le réalisateur n'a pas pu s'empêcher
de placer son habituel asile psychiatrique,
mais on a l'habitude !
Ce film fait partie de la série Masters of Horror
(2005)
Cette série est un événement cinématographique! 13 réalisateurs font un film d'une
heure environ. Ce qui fait une série inégale,
mais aussi inégalée avec de très grands réalisateurs… Elle reprend la grande tradition de
séries comme *Les Prédateurs* qui adaptait de
très bons textes de grands écrivains de
l'horreur. Le chef-d'œuvre de cette série est
sans conteste "La Fin absolue du monde" de
John Carpenter, suivi par "La Survivante" de
Don Coscarelli. Cette série comporte plusieurs
histoires d'authentique SF comme "Le Cauchemar de la sorcière" - "Vote ou crève" –
"Liaison bestiale" – "La Danse des morts".

The Jacket de John Maybury (2005), est un
très beau film. Le prétexte : un asile d'aliénés,
section « fous dangereux », dans laquelle se
trouve un ancien soldat de la guerre du Golfe
(accusé de meurtre par erreur) et qui subit un
traitement pas très orthodoxe. Cela le fait
voyager dans le temps. Peut-être un symbo-
lisme involontaire : c'est le traitement psy-

chiatrique, bien que très violent, qui permet à
n notre héros de donner un but à sa vie...

Samuraï Commando (Mission 1549) de
Tekusa Masaaki (2005)
Une unité de l'armée japonaise de notre
époque est envoyée au 16ᵉ siècle, à l'époque
des samouraïs, et ceci à l'occasion d'une expérience scientifique qui a mal tourné.
Deux ans après, à notre époque, des manifestations étranges et terrifiantes indiquent que
des modifications dans le passé mettent en
danger l'existence même de notre monde...
Il faut donc renvoyer un commando dans le
passé...
On prend grand plaisir à voir ces batailles ran-
gées de samouraïs dans leurs merveilleux cos-
tumes, mêlées à des hélicoptères, transports
de troupes blindés, fusils mitrailleurs et lance-
roquettes. La reconstitution est magnifique.
Le DVD comprend un bataillon d'excellents
bonus : reportage historique – gala de fin de
tournage – Story Board – Manœuvre à l'école
militaire de Fuji – Interviews : la roue des
stars ; le réalisateur ; le scénariste raconte le
film.

A Sound of Thunder de Peter Hyams (2006)
Cette histoire de voyage dans le temps est à
dormir debout. Elle est tirée d'une des niaises
nouvelles de Ray Bardbury.

Elle est pleine d'invraisemblances et on en a un peu soupé des voyages dans le temps qui changent notre présent... Parce que ce genre d'histoire est aujourd'hui complètement ringarde au regard des développements de la cosmologie et de la physique quantique.
Ceci étant dit, on ne s'ennuie pas trop et on a vite deviné quelle sera l'issue. Les monstres sont pas mal...

Déjà vu de Tony Scott (2006)
Un film de voyage dans le temps, un voyage très court de quelques jours dans le passé... Un flic tombe amoureux d'un cadavre et veut revoir la fille vivante.
Hein ? C'est un peu con ?
Ouais... mais c'est tourné par Tony Scott... Et c'est génial.
Le générique est superbe. Gros plans sur les visages des passagers qui embarquent sur le ferry, rayonnants de bonheur, car ils vont à une fête. Ces plans sur les gens sont superbes, sublimes même...
On comprend qu'un drame va survenir...
Cela se passe à la Nouvelle-Orléans... Après le cyclone...
Tout au long du film, Scott va cultiver ces gros plans sur les visages, gros plans combinés à des travellings et panoramiques, à des vues d'une grue ou d'un hélicoptère, afin de montrer une histoire très humaine. L'ensemble de l'œuvre est superbement filmé avec des mou-

vements de caméra gracieux, une vraie cho-
régraphie. Les acteurs sont excellents.

Quelques détails de scénario rendent l'histoire
crédible et même passionnante, comme, par
exemple, le téléphone portable qui sonne à
l'intérieur du sac qui emballe un mort... Il y a
aussi les discours scientifiques à base de mécanique quantique avec des citations de sa-
vants du domaine : Bose-Einstein, Wheeler...
Lors de ces conversations, ils échafaudent une
théorie de voyage dans le passé, mais limité à
quatre jours et des poussières. Ils utilisent ce
qu'on appelle des « trous de ver », des passages dus à ce qu'on appelle en mécanique
quantique, « l'effet tunnel »...

La course-poursuite qui se déroule à la fois
dans le présent, mais aussi dans un proche
passé (ce qui est assez original) est haletante.
Vous l'avez compris c'est une histoire de
voyage dans le temps. Et ici les différents
chemins temporels, embranchements du
temps, ne sont pas indépendants... Ce qui
produit sur le plan du scénario les « trucs »
malins des récits de voyage dans le temps,
comme les restes d'un passage d'un personnage dans un endroit lors d'un autre embran-
chement du temps... Un personnage qui sait
et l'autre qui ne sait pas, etc.

Et le fait que les héros de cette histoire visua-
lisent sur un grand écran le passé proche est
aussi une allégorie sur le voyeurisme du cinéma, car, quand la fille se douche sans savoir

qu'elle est « filmée », une autre fille, specta-trice, qui participe à cette expérience proteste en disant que cette « prise de vue » n'apporte rien à l'enquête...
La question philosophique posée par ce film (car il y en a une) est : s'agit-il de la flèche du temps (conception physique du déroulement temporel) ou du destin (conception spirituelle du déroulement du temps) ?
Au spectateur de faire son choix.

The Fountain de Darren Aronofsky (2006)
C'est un film sur la mort. Mais ce n'est pas un film macabre, c'est un film ultra romantique, sur l'amour et la mort, car c'est dans la mort seule que l'amour est éternel....
Le prologue montre une bataille entre des conquistadors et des Mayas dans un pays de ce qui sera l'Amérique latine. Nous appren-drons plus tard, au détour d'une conversation qu'il s'agit du Guatemala.
Puis on passe à une scène d'anticipation puis on vient à l'époque contemporaine.
En quelques images très belles et très absor-bantes, le réalisateur nous présente un résu-mé du cycle du film.
Mais ne croyez pas être quitte en pensant voir tout vu. Car à ce stade du film on n'a encore rien vu !
Celle qui va mourir nous dit, dans une autre vie : « La Genèse parle bien de deux arbres dans le jardin d'Eden : l'arbre de la connais-

sance et l'arbre de vie ». C'est la recherche, la quête de ce deuxième arbre que nous raconte le film. La motivation de cette quête sera la mort de la bien-aimée.

Ce film est un chef-d'œuvre.

Darren Aronofsky s'est donné beaucoup de mal pour créer un film nouveau, avec plein d'inventions artistiques et des plans audacieux.

Voici quelques exemples : gros plans (très gros plans) sur les visages, et même la peau avec la naissance des cheveux – images tête en bas, surprenante pour l'arrivée d'une voiture dans une route nocturne éclairée par des luminaires, mais aussi pour une chevauchée du cavalier qui va vers la reine d'Espagne, puis la caméra pivote et montre le véhicule (ou le cavalier) s'éloigner vers son but (extraordinaire, il fallait y penser et l'oser) – plan plongeant à la verticale sur la reine et le conquistador, qui écrase les personnages sous leur destin – l'ombre sur les escaliers de l'homme qui les gravit, pris également dans un plan plongeant à la verticale (scène à relier avec celle dans laquelle la reine déclare : « Même l'ombre la plus noire est conquise par la lumière du jour... ») – travelling sur le héros avec un son étouffé, pour montrer sa coupure avec le réel et puis l'explosion des sons quand il prend conscience de la réalité – plan rapproché sur la structure du revêtement mural de l'ascenseur qui montre comme une croi-

sée des chemins – fabrication du tatouage en très gros plan avec le sang qui coule - ...
Vous l'avez compris, le récit n'est pas linéaire, c'est vrai, mais le spectateur est guidé par de véritables créations cinématographiques ! Ceux à qui cela a échappé passent à côté du film....
« La Mort est la voie de l'éblouissement ! » annonce le grand prêtre de l'arbre de vie au conquistador. La Mort est un acte de création, déclare-t-on aussi dans le film, et non une maladie comme l'affirme Tommy le docteur...
Pour le comprendre, il suffit de ne pas avoir peur...
La Mort est la création de la vie même, comme cet arbre de vie qui a poussé dans le ventre de l'homme... car « le sang des morts nourrit la Terre »....

Le Nombre 23 de Joel Schumacher (2007)
Un homme qui travaille à la fourrière se fait mordre par un chien. Il le poursuit et le re-trouve au cimetière devant la tombe d'une femme : Laura.
Puis sa femme lui donne un livre qu'elle a trouvé dans une librairie. Son titre : *Le nombre 23*.
Il raconte l'histoire d'un détective privé obsédé par ce nombre et son obsession le conduit à un meurtre...

Cette obsession est contagieuse et se transmet petit à petit à notre héros joué par l'excellent Jim Carrey.

Ce film nous entraîne dans les profondeurs de l'inconscient qui trouve toujours le moyen de remonter à la surface, quels que soient les moyens de refoulement utilisés.

Le scénario est très intelligent et la manière lente de filmer de Schumacher est ici parfaite pour cette superbe histoire.

Next de Lee Tamahori (2007)

Tiré d'une nouvelle de Philip Kindred Dick : "*L'homme doré* ".

" **L'Homme doré** " ("The Golden Man", le titre du manuscrit de Dick étant "The God Who Runs" daté du 24 juin 1953) a été publié en 1954 in "If"... et en France par **J'ai Lu** en 1982 dans l'anthologie homonyme.

Voici ce qu'en dit Dick lui-même :

« En écrivant **L'Homme doré***, je tenais pour ma part à montrer que 1) le mutant n'est pas forcément bon, du moins pour le reste de l'humanité, nous autres les "ordinaires" ; et 2) qu'il ne se comporte pas forcément en individu responsable, mais peut au contraire nous canarder comme un bandit, plus proche de la bête sauvage, susceptible de nous faire plus de mal que de bien. »*

Le film, lui ne casse pas des barres sauf si on aime Nicolas Cage, ce qui n'est pas mon cas.

« *C'est ça l'avenir. Chaque fois qu'on le regarde, il change. Parce qu'on l'a regardé. Et ça... Ça change tout le reste.* » Ce sont les quasi dernières paroles du film. Elles ressemblent au paradoxe du chat de Schrödinger en mécanique quantique... Philip K. Dick connaissait-il cette expérience de pensée ?

On s'ennuie beaucoup au début avec cette histoire d'amour nunuche. Cris Johnson, alias Frank Cadillac, voit son avenir dans un délai de deux minutes seulement. Le FBI le traque, car il veut utiliser son pouvoir pour déjouer l'action de terroristes qui veulent faire sauter Los Angeles avec une bombe A. Du coup ces terroristes le recherchent aussi. Mais l'amour sera le plus fort...

Prémonitions de Mennan Yapo (2007)
Sandra Bullock est sublime comme d'habitude dans cette histoire : son mari est mort dans un accident, mais le lendemain il est de nouveau vivant !

Quelles journées dures elle a !

Ça commence avec quelques scènes de la vie quotidienne : le mari, les enfants, la nouvelle maison (superbe). Et puis un message de son mari sur son répondeur, un message interrompu... Puis le shérif vient lui annoncer que son mari est mort dans un accident de voiture. Le lendemain matin, son mari est de retour et ses filles ne lui parlent de rien donc elle pense avoir fait un cauchemar. Le problème c'est

que ce cauchemar semble ne pas en être un :
ce cycle se reproduit régulièrement... Attention ! Ça ne se passe pas de la même façon à
chaque fois. C'est excellemment traité cinéma-
tographiquement et le scénariste fait un excellent travail. C'est un vrai drame. Le crescendo
dramatique est intense.
Il y a bien des points communs entre ces différentes "phases" vécues.
Un oiseau mort (un "corbeau") à chaque épisode du mari vivant... et un psychiatre assez
inquiétant. Une boîte de lithium (le médica-
ment). Les cicatrices sur le visage de sa fille.
Une bouteille de vin sur la table de nuit.
Et il faut éviter les jugements rapides.
Et la question posée est la suivante : peut-on,
doit-on empêcher, un événement que l'on sait
qu'il se produira ? Avec le risque de ne pas
obtenir le résultat souhaité.
Un excellent film.

Outpost de Steve Barker (2007)
Sortie directe en DVD en 2012.
Des mercenaires sont embauchés dans un
« pays de l'Est » (on pense au Kosovo) en
pleine guerre civile par un géologue. Ils se
rendent dans un lieu isolé en pleine nature (le
temps est gris, sale) où ils trouvent un bunker
souterrain.
Les actions de guerre sont très bien filmées.
Ce qu'ils sont venus chercher ? « Le champ
unifié de la physique », vous savez ce que

Einstein a cherché toute sa vie et n'a jamais trouvé : l'unification de la physique « classique » et de la physique quantique.

Eh bien, les nazis, eux l'avaient trouvé !

Le commando trouve de nombreux corps sans vie qui semblent pourtant revenir à la vie... et aussi des soldats SS en zombies indestructibles.

Il est fait allusion à l'expérience de Philadelphie (voir le film : *The Philadelphia Experiment* de Stewart Raffill (1984) et sa suite), et la possibilité de voyager dans le temps.

Ainsi ils retrouvent la machine qui fait revenir les morts, les soldats SS.

Certaines scènes sont insoutenables.

On entend un moment *Der Fliegender Holländer* de Richard Wagner...

Ce film est aussi une parabole politique. On se souvient de cette citation de Bertolt Brecht : « Il est toujours fécond le ventre qui engendra la bête immonde... » Bertolt Brecht était un dramaturge d'Allemagne de l'Est. Il a su naviguer entre les balles de la censure et créer de belles pièces au sens politique profond malgré la dictature communiste. Et cette citation, si elle met en garde contre le retour du nazisme, elle ne fait aucune allusion politique ou sociale, en fait, c'est la nature humaine qu'elle visait.

Comme dans ce film où elle n'est pas très glorieuse cette nature.

À noter : aucune femme n'apparaît dans ce film. Il n'y a que des hommes.

Les Portes du temps de David Cunningham (2007)
Encore un film fantasy pour les enfants. Adapté du roman *Au-delà des ténèbres* (*The Dark Is Rising*) de Susan Cooper... qui, comme tous les livres de fantasy, fait partie d'une saga interminable.
Si ça vous tente... Il y a des chevaliers, des méchants et un ado élu des dieux... Pour moi c'est encore une superbe niaiserie. Mais peut-être que je me trompe...

La Voix des morts : la lumière de Patrick Lussier (2007)
Un film qui se veut la suite du film *La Voix des morts* (Geoffray Sax – 2004), sans l'être en réalité, puisque ce ne sont pas les mêmes personnages ni même le genre d'histoire... Il s'agit encore une fois de la vie après la mort. Ceux qui ont frôlé la mort, l'ont vu en face et qui reviennent, ont toujours des super pouvoirs après cette expérience. Ce fut le cas dans le petit chef-d'œuvre de Stephen King, *Dead Zone,* dont David Cronenberg a fait un chef-d'œuvre au cinéma... Ici, le personnage à qui c'est arrivé revient avec le pouvoir de voir le proche futur, enfin de voir que certaines personnes vont mourir bientôt. Quand on croit bien faire à sauver la vie des gens comme ça...

il y a un prix à payer. Un lourd tribut. Ce film fait peur, car la mort fait toujours peur...
Patrick Lussier fut le monteur quasi attitré de Wes Craven, notamment pour la série des *Scream* et a réalisé *Dracula 2001*, produit par... Wes Craven.

L'étrange histoire de Benjamin Buttom de David Fincher (2008)
David Fincher est un grand cinéaste.
C'est une adaptation d'un roman de Scott Fitzgerald.
En 1918, pour la nouvelle gare, un horloger aveugle dont le fils vient d'être tué à la guerre, a construit une horloge dont les aiguilles tournent à l'envers.
« Ainsi, nos fils morts à la guerre reviendront peut-être... »
Une jeune femme lit à sa mère mourante le journal écrit par un homme.
C'est le journal de Benjamin Buttom. Il commence à sa naissance en 1918...
Il est né avec la constitution physique d'un homme de 80 ans et il est abandonné dans un asile de vieillards.
Ce film raconte sa vie au cours de laquelle son corps rajeunit...
Drôle d'histoire à l'envers à laquelle j'ai eu du mal à croire malgré le talent de David Fincher et de Brad Pitt...
Mais une fois dedans, j'ai fini par y croire...

Terminator 4 renaissance de McG (2009)
Nous voici en 2018 en compagnie de John Connor qui dirige les combats des humains contre les machines. Le film ne tient pas les promesses de la bande-annonce.

Triangle de Christopher Smith (2009)
"Triangle" c'est le nom du bateau que les personnages du film prennent pour aller en haute mer faire de la voile. C'est aussi le "triangle" des Bermudes...
On voit arriver plusieurs personnes qui embarquent sur un voilier et ils quittent le port à bord.
Puis, ils traversent une tempête aussi soudaine et si violente qu'elle fait chavirer le frêle esquif. Ils sont naufragés et ils croisent un paquebot. Ils montent à bord et c'est un vaisseau fantôme.
La jeune femme qu'on a vue arriver en dernier sur le port finira par comprendre qui sont ces fantômes et comment elle est impliquée dans cette "hantise"
Un excellent scénario, un film original sur un vaisseau fantôme.

Watchmen de Zack Snyder (2009)
« Le rêve américain: où est-il passé?
    -    Ouvre un peu les yeux, il est là. »
Un "gardien (Rorschach) recherche le meurtrier de l'un des Watchmen, le Comédien.

Un fond politique, une enquête décalée pleine de flash-back... Nixon, la guerre au Vietnam. Le Dr Manhattan est issu d'une expérience de physique quantique ? Il est amené à jouer un rôle dans la guerre froide. Quelqu'un semble vouloir éliminer les Watchmen l'un après l'autre.
« Tout le monde va mourir !!
    - Et l'Univers ne se rendra compte de rien. »
On n'a rien sans rien, hein ?
Un superbe film : pas linéaire pour un rond (ah ah ah !)
Il y a des monuments de cinéma dans ce film.

Prince of Persia de Mike Newell (2010)
Une histoire de voyage dans le temps. Une dague et un sablier du temps. Un complot pour le pouvoir dans l'Empire perse.
Ce film est une gigantesque attraction avec les manèges, les montagnes russes, le labyrinthe des glaces, etc.

Thor de Kenneth Brannagh (2011)
Cette mythologie nordique est fascinante.
Marvel en a fait des personnages de BD.
Ici, le grand Kenneth Branagh en a fait un superbe film qui réussit à nous faire croire à cette histoire avec Odin, Thor et le méchant Loki. Tout cela sur fond de physique quantique et de pluralité des univers... Le Bifrost ne serait qu'un pont d'Einstein-Rosen ou « trous de

ver », des passages entre les différents univers. Ce concept scientifique a été utilisé aussi dans le film et les séries « Stargate »...

Source Code de Duncan Jones (2011)
J'aime ces histoires de SF inspirées de la physique quantique (de près ou de loin).
Ici on part de l'idée de Schrödinger dans sa fameuse expérience de pensée « le chat de Schrödinger ». Il s'agit simplement de faire un choix : l'expérimentateur fait ce choix ce qui le conduit dans un univers. S'il en avait fait un autre, cela l'aurait conduit dans un autre univers...
L'univers étant spatiotemporel, qui dit autre univers, dit aussi autre temps.
Ainsi un militaire est envoyé dans le corps d'un homme qui voyage dans un train à destination de Chicago. Il finit par comprendre qu'il est en mission : il a 8 minutes pour découvrir l'auteur de l'attentat qui va détruire ce train et tuer tous ses passagers.
Il sera obligé de retourner plusieurs fois dans ce voyage. Et à l'image du chat de Schrôdinger il s'apercevra qu'il est à la fois mort et vivant !
Mais il comprendra que, de victime de ce code source, il deviendra, s'il le veut, maître de l'espace et du temps...
Superbe histoire, superbe scénario et croyez-moi, ce n'est pas facile d'inventer de si belles histoires !

NB : Schrödinger (1887-1961) est un physicien qui a mis au point l'équation qui porte son nom et qui définit la fonction d'onde d'une « particule » élémentaire.

Time Out (In Time) d'Andrew Nicoll (2011)
Nicoll m'avait déjà saoulé avec son *Bienvenue à Gattaca* et là il récidive.
Même idéologie niaise, disons, de bonne conscience.
Une histoire à dormir debout, une intrigue sans cul ni tête. Le scénariste (toujours Nicoll) ne sait pas écrire des histoires policières. Son histoire ne tient pas debout.
Il a cru avoir une grande idée(ologie) de départ et du coup il semble ne pas s'être occupé du reste…

Sucker Punch de Zack Snyder (2011)
Quel superbe film!
"Chacun de nous a un ange, un gardien qui veille sur nous…"
Une petite jeune fille est internée dans un asile d'aliénés, par son beau-père indigne.
En fait, ce n'est pas un asile d'aliénés, mais un bordel !
Ça commence comme un conte de fées, ça se poursuit comme un film de Kung Fu… Jubilatoire !
On sait ce qu'on a, hein ? Mais on ne sait pas ce qu'on aura si on s'évade…

Après le Kung Fu, c'est la guerre de tranchées en 14-18, et d'autres choses encore. Avec des zombies, s'il vous plaît !

« Si vous ne vous dressez pas pour une chose, vous plierez l'échine toute la vie. »

« Ah ! Une dernière chose : travaillez en équipe ! »

« Pour ceux qui se battent, la vie a une saveur que ceux qui se protègent ne goûteront jamais… »

« Vous avez toutes les armes en vous : alors, battez-vous ! »

S'évader pour s'en sortir…

Superbe générique de fin !

Ce film est un chef-d'œuvre !

Outpost : Black Sun de Steve Barker (2012)

La suite du précédent.

Et cette fois ça commence avec une femme que l'on va voir jusqu'à la fin du film.

Puis on assiste à l'extermination du commando de l'OTAN qui a eu lieu dans les dernières minutes du film précédent dans un film tourné par une équipe au service d'un ancien nazi.

La jeune fille mène l'enquête, c'est une chasseuse de nazis criminels de guerre. En fait, elle recherche le nazi qui avait mis au point la « machine » qui permet le voyage dans le temps.

Elle suit donc les traces du premier commando, celui du film précédent.

Au cœur de ce pays de l'Est (le Kosovo ?) elle rencontre une connaissance qui lui montre un film où on voit des soldats de l'OTAN massacrés par des SS.

Il explique que les nazis avaient mis au point une « machine » pour fabriquer des soldats invincibles. Désormais la machine fonctionne.

« Black Sun », (soleil noir), est le nom d'une division spéciale nazie qui a construit la machine.

Vous avez vu le film *Le Retour des morts-vivants* de Dan O'Bannon (1984) ? Oui ? Eh bien c'est un peu la même histoire, en plus sérieux : il y a la même solution radicale...

Les deux jeunes gens rencontrent un commando de l'OTAN chargé d'arrêter la machine, car les zombies SS progressent. On a l'explication de la mission du film précédent.

Ils peuvent arrêter la machine avec une autre machine « IEM » à Impulsion électromagnétique. Pour contre carrer le champ de la machine qui fait revenir les zombies SS.

« Unifier les champs, atteindre l'esprit de Dieu ! » Déclare un personnage du film. Comme l'avait dit Albert Einstein.

La suite au numéro 3...

Dredd de Pete Travis (2012)
Tiré d'une BD de John Wagner et Carlos Ezquerra. Une première adaptation avait été réalisée par Danny Cannon en 1995 *Judge Dredd*.

Toujours aussi destroy et aussi facho, mais dans une société pareille, comment faire autrement ?

Le juge Dredd est mobilisé pour chaperonner et évaluer une jeune candidate aux pouvoirs psy. Une nouvelle drogue, le Slo-Mo, sévit, elle ralentit le temps jusqu'à 1% ! La méchante est interprétée par l'actrice de la série *Terminator les chroniques de Sarah Connor*, Lena Headey. On a donc droit à plein de scènes au ralenti superbes, notamment les effets des balles sur les corps.

Bon scénario, personnages bien fouillés. Un film de gros durs (et les femmes aussi le sont).

MIB (Men in Black) 3 de Barry Sonnenfeld (2012)

Sonnenfeld revient avec ses histoires délirantes d'Aliens tirées du comics américain.

« J » retourne dans le passé pour rejoindre « K » qui y est déjà allé... Scénario insipide. Mais la fin est superbe !

Contradictoire, hein ?

Variation sur les voyages dans le temps...

Tout ce qui était nouveau, surprenant, attachant, séduisant, dans le premier MIB, n'est devenu ici qu'anecdotique.

Looper de Rian Johnson (2012)

Le tueur doit tuer son alter ego qui est envoyé du futur 30 ans plus tard...

Pas mal le système pour s'envoyer des messages en passant par le futur. Les rencontres ne sont pas fortuites, il y a beaucoup de mystères, ça retient l'attention. La réalité ne correspond pas aux apparences. Un film que n'aurait pas renié Philip K. Dick.
Une chose m'a agacé : Bruce Willis qui tue tout le monde sans une égratignure, ça va !
« Il faut croire que nos actes reviennent nous étrangler ! »
J'adore ces histoires de paradoxes temporels ! Surtout quand c'est bien filmé comme ici.

La Stratégie Ender de Gavin Hood (2013)
C'est l'adaptation d'un roman de Orson Scott Card qui fut le premier d'un cycle.
Le film est très bien, mais l'adaptation est difficile. Par exemple, le film est très brutal (la guerre c'est brutal), mais le roman de Card est tout en douceur et en finesse. L'horreur de la fin n'en est que plus désespérante.
D'ailleurs Card n'a pas une haute opinion de l'espèce humaine.
C'est la guerre contre des extraterrestres qui ont tenté d'envahir la Terre et qui ont échoué, mais leur menace existe toujours ; cela se passe dans un futur lointain imaginé par Card.
La guerre est complètement informatisée, virtualisée pour ceux qui la commandent (mais pas pour ceux qui la font...)
Card est obsédé par le génocide. Toute créature est une créature de Dieu, et même

l'espèce le plus nuisible ne doit pas être détruite en son entier...

La fin du film est très cucul. C'est un peu (même très) décalé par rapport au reste du film.

Mais c'est bien la fin de Card !

Voici ce que j'écrivais dans mon recueil « Fantastique » (1998) à propos de « La Stratégie Ender » :

La science-fiction dans le cycle d'Ender

Le thème principal de la science-fiction de Card dans le cycle d'Ender est la conquête du cosmos et, donc, la rencontre avec d'autres espèces. De ce thème, en découlent plusieurs autres. Celui de la génétique d'abord, science qui caractérise les différences des espèces entre elles et qui semble le mieux convenir à l'auteur pour illustrer ses théories nietzschéennes. L'écologie ensuite, car qui dit génétique, dit espèces avec leur environnement de vie. Enfin, dans l'infinité du cosmos, il faut pouvoir communiquer entre les hommes, et pour cela, il faut mettre en place des systèmes de communication instantanés et gérer tout cela avec l'informatique mise en réseaux grâce à ce système performant. Les mutations génétiques ont des effets curieux sur le peuple de la planète taoïste de la Voie, puisqu'elles produisent chez eux une maladie : la psychonévrose obsessionnelle qui leur fait croire à l'existence des dieux.

Mais la conquête du cosmos et la rencontre d'autres espèces intelligentes ne va pas sans conflits et donc, sans guerre. Le premier livre du cycle : « La stratégie d'Ender » raconte par le menu détail l'entraînement militaire d'enfants surdoués afin de vaincre et détruire une espèce concurrente : les doryphores. De nouvelles armes sont inventées, mais nous n'en connaîtrons que le principe : « La science a évolué (...) Nous (...) sommes en mesure de contrôler la pesanteur. De la créer, de la supprimer. » Quant aux doryphores, le pouvoir des humains utilise la peur de leur nouvelle invasion pour maintenir l'espèce humaine mobilisée. C'est que ces insectes avaient voulu envahir la terre avec une véritable armada. Seul Mazer Rakham réussit à les vaincre et il participera à l'entraînement d'Ender, car il est parti voyager dans l'espace à des vitesses proches de la lumière et revenu des siècles plus tard alors qu'il n'avait vieilli que de quelques années. Cette méthode permettra à Ender, dans les deux autres volumes de la trilogie, de vivre trois mille années en ayant à peine la cinquantaine... Mais revenons aux doryphores. Graff, l'officier qui suit Ender explique : « Les doryphores étaient des êtres qui auraient parfaitement pu apparaître sur Terre, si les choses avaient tourné autrement un milliard d'années auparavant. Au niveau moléculaire, il n'y avait aucune surprise. Le matériel génétique lui-même était identique. Ce n'était pas un hasard si, aux yeux des êtres humains, ils évoquaient des insectes. Bien que leurs organes soient beaucoup plus complexes et spécialisés que ceux des insectes, et possèdent un squelette interne, ayant renoncé presque complètement à leur squelette externe, leur structure physique rappelait toujours leurs ancêtres, qui devaient beaucoup ressembler aux fourmis de la Terre. » La guerre contre les doryphores se justifie ainsi, selon les militaires :

« (...) Il ne s'agit pas seulement de traduire d'une langue dans une autre. Ils (les doryphores) n'ont pas de langue. Nous avons utilisé tous les moyens possibles pour tenter de communiquer avec eux, mais ils ne possèdent même pas de machines qui leur permettraient de voir que nous envoyons des signaux. Et peut-être ont-ils essayé de nous projeter des pensées et ne comprennent-ils pas pourquoi nous ne répondons pas.

— Ainsi, toute cette guerre repose sur le fait que nous ne pouvons pas nous parler ?

— (...)

— Et si nous les laissions tranquilles ?

— Ender, nous ne sommes pas allés chez eux, ils sont venus chez nous.

— (...)

— Les doryphores ne parlent pas. Ils transmettent leurs pensées et c'est instantané, comme l'effet philotique.

— (...)

— (...) Les doryphores sont des insectes. Ils sont comme des fourmis et des abeilles. Une reine, des ouvrières. »

Et Valentine, la sœur d'Ender précisera encore les choses : « Plutôt que d'amplifier les différences entre les individus, le langage pouvait tout aussi bien les adoucir, les minimiser et arrondir les angles pour permettre aux gens de s'entendre même s'ils ne comprenaient pas vraiment. »

Après avoir détruit les doryphores à la tête des armées humaines, Ender, rongé de remords, retrouvera une reine survivante qui l'attirera sur les lieux de sa cachette en reconstituant une scène du jeu informatique qu'il utilisait lors de son entraînement. Sans l'autorisation de personne, il décidera de l'installer sur Lusitania où elle se reproduira et construira des vaisseaux spatiaux pour retourner vers les étoiles, mais, cette fois, sans esprit de conquête, car, grâce à Ender, la communication a pu être établie entre les deux espèces. Il apprendra encore à mieux les connaître et saura ainsi que les doryphores « voient la chaleur comme nous voyons la lumière. (...) De la peinture thermique » en quelque sorte.

Graff, officier instructeur d'Ender, lui avait parlé d'une grande découverte, la physique philotique qui permet les transmissions instantanées d'un point de l'espace à un autre quelle que soit sa distance. Card n'avait pas encore

assez réfléchi à cette physique à ce stade de son œuvre puisqu'il fait dire à son personnage : « Je ne peux pas t'expliquer la physique philotique. De toute manière, personne ne la comprend. Ce qui compte, c'est que nous avons construit l'ansible. Le nom officiel est : Émetteur Instantané à Parallaxe Philotique, mais quelqu'un a exhumé ansible d'un vieux livre... » Explication un peu légère que Card reprendra au début de « Xénocide »... « Les philotes se combinent pour produire une structure durable — un méson, un neutron, un atome (...) — ils s'entrelacent. (...) Les philotes sont les plus petits éléments constitutifs de la matière et de l'énergie. » Mieux encore : « Le philote est l'âme ». Le problème est donc posé de voyager plus vite que la lumière. « Arriver quelque part avant sa propre image. (...) Comme si on traversait un miroir pour rencontrer son double de l'autre côté. » Les humains y parviendront en utilisant les explications de la reine des doryphores. « Quand ils créent une nouvelle reine, ils font venir un genre de créature d'un espace-temps parallèle. » C'est cet espace-temps qu'ils appellent Dehors et qu'ils rejoindront pour créer matériellement leurs désirs. Le royaume de Dieu...
Les êtres humains rencontreront d'autres espèces dans l'univers. Sur la planète Lusitania vivent les Piggies. De petits nains sympathiques à la tête de cochons. Longtemps, les « xénologues » (ceux qui étudient les étran-

gers) ont cherché quel est le mode de reproduction des Piggies (ou pequeninos). Ils découvriront qu'elle se fait selon un système compliqué de synergie entre l'animal et le végétal. Ces pequeninos, au début gênants, feront frôler la catastrophe à Lusitania, mais, comme, selon Nietzsche, de la catastrophe peut naître la meilleure des choses, ils permettront aux humains de faire une énorme découverte scientifique. En effet, les pequeninos ne vivent et ne se reproduisent que grâce à un virus intelligent, mais mortel pour les humains, la descolada. Cette dernière est « la forme de vie la plus dangereuse de tout l'univers. (...) Elle s'adapte (...) évolue délibérément. Intelligemment.(...) La descolada a été amenée par un vaisseau interstellaire. » Il faudra trouver un virus mutant qui continue à « soutenir » la vie des Piggies, mais qui soit inoffensif pour l'homme. Il suffira d'aller « Dehors » pour le réussir.

Une autre espèce est présente dans ce cycle. Elle a la particularité de n'être représentée que par un seul individu qu'Ender a appelé Jane. « Comme tous les êtres intelligents, elle avait un système de conscience complexe. Deux mille ans auparavant, alors qu'elle n'avait que mille ans, elle avait créé un programme d'autoanalyse. Il mit en évidence une structure très simple comportant approximativement trois cent soixante-dix mille niveaux distincts de conscience. » (!) Le lecteur saura que Jane était née des jeux informatiques d'Ender et de l'imagination extraordinaire du joueur, et qu'elle existe à l'intérieur de son corps. Elle communique instantanément grâce aux ansibles. « Il n'est pas trop absurde que Jane ait été créée par les reines pendant la campagne menée par Ender contre elles. »

Card est extrêmement cohérent avec lui-même : sa science-fiction cadre bien avec sa philosophie et sa vision de la religion. Il met en place un système basé sur certaines connaissances scientifiques pour montrer un univers vivant, véritable création en perpétuel mouvement.

Et voici, en guise de conclusion, comment, à la fin, il fait décrire l'univers par un de ses personnages, univers dont la géométrie ne peut pas être euclidienne (c'est le moins qu'on puisse dire) :

« Représentez-vous l'instant présent comme la surface d'une sphère en expansion, d'un ballon qui se gonfle. D'un côté le chaos. De l'autre la réalité. Ça n'arrête pas de se dilater (...) de faire jaillir de nouveaux univers continuellement. (...) Envisagez-la comme une sphère de rayon infini (dont la) surface serait absolument plane (..) Et (dont) on ne pourrait jamais faire le tour. (...) Et maintenant, en partant du bord, on monte dans un vaisseau spatial et on se dirige vers l'intérieur, vers le centre. Plus on s'éloigne du bord, plus l'univers vieillit. On retraverse tous les anciens univers. »

Donc, l'univers n'a pas de commencement ni de fin.

« La réalité fonctionne comme ça parce que c'est l'essence de la réalité. Tout ce qui fonctionne autrement retombe dans le chaos. Tout ce qui fonctionne de la même manière passe dans la réalité. »

L'ensemble de mon étude sur Orson Scott Card (dans laquelle il est souvent question d'Ender) est disponible dans le recueil : http://www.amazon.fr/dp/1479243159

Le Point de non-retour (House at the end of the Time) d'Alejandro Hidalgo (2013)

Une femme se réveille dans une maison déserte. Elle est blessée. Elle allume une lampe à pétrole et appelle « Leo »…

Le petit Leo (son fils) apparaît, mais reste silencieux. Puis, il est happé par l'obscurité. Elle cherche le garçon dans des souterrains.

Elle est accusée du meurtre de son mari et de son fils et jetée en prison.

Trente ans plus tard, elle est libérée…

Elle s'appelle Dulce. Elle retourne à la maison.

« C'est la maison », accuse-t-elle auprès du prêtre…

Un passage assez ennuyeux (mais indispensable) sur ses souvenirs : elle avait deux garçons. Le reste du film raconte ce qui s'est passé avant.

Un fantôme : un vieillard avec un grand couteau à la main ! Le décès du plus jeune enfant, tué par son frère ; c'était un accident. Le film est tourné un peu comme un film amateur, comme ces films que l'on tournait en souvenir des événements familiaux.

Après une heure de c cela devient intéressant : la maman revient du futur pour sauver ses enfants ! Mais comment ?

« Regarde bien mon visage et écoute bien ma voix ! »

Une histoire stupéfiante dans les couloirs du temps et de la maison. Tout cela pour Leo.

« C'est le fils de la prisonnière. Il a voyagé dans le temps. Il était dans la maison. » Dit le prêtre aux policiers...

Film vénézuélien. Le réalisateur est aussi producteur et scénariste. Bravo !

Thor Un monde obscur d'Alan Taylor (2013)

Un mélange passionnant de gravité quantique et de mythologie nordique. Quoi d'autre que cela serait susceptible de rendre crédible les merveilles de la mythologie nordique.

Effets spéciaux stupéfiants. Nécessaires pour adapter une BD Marvel !

La belle jeune femme (Jane) est possédée par l'Éther, ce qui libère les forces du mal : Malekith va la poursuivre pour prendre possession de l'Éther.

L'Éther chez les physiciens de la fin du 19e siècle était ce qui donnait sa "consistance" à

l'espace. Car après les équations de Maxwell-Lorentz (1865) il fallait bien une consistance pour supporter les ondes électromagnétiques...
Mais tout cela sera éclairci bien plus tard par la théorie de la relativité restreinte (1905) d'Einstein qui a découvert la notion d'espace-temps.
Bref, revenons-en à notre histoire Marvel.
Nous avons vu dans l'épisode précédent que le frère de Thor, "Der böse Loki" comme l'aurait écrit Goethe (ça veut dire "Le méchant Loki"), est en prison dans les geôles d'Odin...
Mais il sera appelé à la rescousse par son frère, mais il est vraiment méchant !
En fait, toujours le même genre d'histoire, qu'on retrouve quand on épluche les atours donnés par les scénaristes, atours qui sont, en fait les plus intéressants ...
Une seule critique : les bagarres durent un peu trop longtemps. Ça finit par lasser.
Pensez à regarder jusqu'à la fin du générique.

Captain America Le soldat de l'hiver d'Anthony et Joe Russo (2014)
Une organisation secrète, le SHIELD. Complots en tous genres... nazis de retour. Actions superbes. Ça mitraille dur, mais ils passent entre les balles. C'est ça qui est plaisant, car l'action ainsi se poursuit... Belles bagarres. Maîtrise du temps (celui qui passe). Expériences biotechnologiques. Superbe castagne !
Rester jusqu'à la fin du générique !

Edge of Tomorrow de Doug Liman (2014)
Un film de guerre dans lequel l'ennemi ne souffre d'aucune ambiguïté, car ce sont des extraterrestres.
Tout l'art de ce scénario est de rendre la maîtrise du temps possible, car c'est une capacité de la "mère" de tous les ennemis, qu'elle transmet involontairement à notre héros...
Du coup le scénariste nous la rejoue "Un jour sans fin" (film de Harold Ramis – 1992) : dès que le personnage principal joué par Tom Cruise meurt, il revit la journée de la veille !
"Quand vous vous réveillerez, venez me voir !", lui lance la fille, superbe guerrière, alors qu'il est en train de mourir sur le champ de bataille ! Ces paroles ne manqueront pas d'intriguer le spectateur. Mais, patience, nous finirons par comprendre !
Il y a plusieurs choses intéressantes dans ce récit : les images et les effets spéciaux superbes, le passage du petit con trouillard tire-au-flanc à l'homme de guerre, les scènes où il montre à quel point il connaît la femme, car il a vécu tant de fois des scènes avec elle, mais dont elle ne se souvient pas... N'est-ce pas comme ça aussi dans la vie quand on connaît quelqu'un mieux qu'il ne se connaît lui-même ?
Ah ! C'est dur ! Il faut se battre contre tout le monde, contre l'ennemi et contre ses supérieurs !

C'est la vie !

Predestination de The Spierig Brothers (2014)
Une superbe adaptation de la nouvelle de Robert A. Heinlein "All you Zombies". (Publiée en France en 1962, puis en 1975 dans la collection de SF du Livre de Poche, volume : "Histoires de voyage dans le temps".
Un agent spatiotemporel retourne en 1970 pour sa dernière mission. Mais quel est le genre de ses missions ?
Et le film se poursuit pendant longtemps par l'histoire que raconte un bisexuel au barman qui semble être l'agent en question. D'ailleurs on a du mal à suivre qui est qui ! Mais on va finir par le savoir...
Ne perdez pas patience, car le film semble commencer au milieu du film, mais ce n'est qu'une illusion.
Superbe histoire de paradoxes temporels. Une histoire inouïe de voyages dans le temps que seul un grand comme Heinlein a pu inventer.
"Le serpent se mord éternellement la queue"
"Il n'est jamais trop tard pour être qui on aurait pu"...
Superbe !
Dommage que ce film ne soit pas sorti en salles en France.

X-Men : Days of Future Past de Bryan Singer (2014)

Au début on nous inflige un bavardage pseudo philosophique. Et on se dit : « Ils ne peuvent pas mieux éclairer les scènes qu'on voie un peu mieux ? ».

Dans un futur proche, les mutants sont décimés par de méchantes créatures. Les X-Men envoient Wolverine en 1973 pour empêcher la création de ces monstres, « les sentinelles ».

Bon… On finit par voir plus clair sur l'écran. Et quel costaud ce Magneto ! Mais ils en font tous un peu trop quand même. Oma Sy dont on a beaucoup parlé pour ce film est quasiment absent, juste visible dans une courte scène…

Interstellar de Christopher Nolan (2014)

Ça commence comme dans « Signes » au milieu d'un champ de maïs. Puis on se dirige vers une autre galaxie pour trouver un refuge à l'espèce humaine.

Explorateurs, pionniers : l'essence même de l'Amérique !

Horizon du trou noir, distorsion de l'espace-temps, relativité générale et trou de ver…

Il y a même une définition quantique de l'amour !

Les planètes lointaines sont si étranges ? La gravité courbe l'espace-temps… Superbe film de SF.

Tout en disant qu'il s'appuie sur les dernières découvertes en physique et cosmologie, mais

que personne n'a encore vu de trou noir et encore moins de trou de ver… Ces « trous » sont nés des équations de la relativité d'Einstein, équations qui ont trouvé bien des applications et qui, donc, semblent correctes, mais sait-on jamais ?
La mécanique de Newton s'appliquait bien aussi à tout jusqu'à la relativité générale…

À la poursuite de demain (Tomorrowland) de Brad Bird (2015)
De quoi sera fait demain ? AH ?! Difficile à dire ! Touchez le Pin's magique.
« Où veux-tu aller ? Vers l'arrière ou vers l'avant ? »
Eiffel, Jules Verne, Tesla et Edison sont à l'origine des voyages dans le temps. Ah ! Ces Français…
C'est de la SF Mickey Mouse.
« Guérir le monde. » Une histoire de tachyons.
Il y a des robots aussi, des gentils et des méchants.
« Ça va marcher ?
-   Il va falloir faire en sorte ! »

Terminator Genesys d'Alan Taylor (2015)
Le 5e opus de la franchise. Patrick Lussier a participé au scénario.
Les dialogues commencent à 57 minutes de film. On peut facilement enlever 21,2 minutes de film sans préjudice.

On voit la machine avec laquelle ils envoient les Terminator dans le passé.
On comprend mieux le premier film. Tout le beau monde de ce dernier se retrouve le 12 mai 1984. Peuvent donc pas se démerder sans John Connor ?
Pas génial ce film. Dommage…

Le Grand Tout de Nicolas Bazz (2015)
Voici ce que déclare le réalisateur sur le site officiel du film : « *(…) aujourd'hui, la simple juxtaposition de science fiction et de cinéma français prête à sourire. Il n'y a pourtant ni contresens ni blasphème à inviter le genre le plus populaire de la planète dans notre pays. Juste quelques préjugés à faire sauter. J'ai donc imaginé l'inévitable rencontre entre nous et notre univers, ce qui reste de nous, ce qui change. Avec la conviction que l'immensité ne nous écrasera pas, que nous lui donnerons du sens, que nous nous adapterons, et que nous mangerons, un jour prochain, une bonne potée entre la Voie Lactée et Andromède… »*
Que le lecteur de cette chronique permette que j'adhère entièrement à cette citation ! Il n'est pas dans les règles de l'art du chroniqueur de se saisir de ce qui dit le créateur sur son œuvre, mais permettez-moi l'exception.
Ce film est formidable. Voilà : formidable ! Comme dans la chanson, répétons-le à l'infini !

Il est d'abord entièrement basé sur la théorie de la relativité et ses développements ultérieurs. Mais n'ayez pas peur (Évangile selon Matthieu chapitre 17, verset 7). Non n'ayez pas peur, tout est à la portée de tout le monde.

Ensuite, les décors sont très sobres. Au début, je me suis dit : « C'est par manque de moyens... » Effectivement, sans doute, mais combien de chefs-d'œuvre du cinéma ne l'ont été que parce qu'ils manquaient de moyens ? Et c'est le cas ici. Cette sobriété est charmante, envoûtante. On est centré sur les personnages qui sont magnifiquement joués par les acteurs. Ces personnages transcendent le contenu scientifique du film, car ils le vivent, que ce soit celui qui y croit, et celui qui n'y croit pas...

Au départ, le psy de l'équipage explique : alors qu'ils vivent un délai de deux semaines de voyage dans le vaisseau, « à l'extérieur » il s'est passé deux ans depuis qu'ils sont partis. « A l'extérieur » n'est pas exact, car l'expression n'a pas de signification, il fallait préciser le référentiel : la Terre, sur la Terre, les gens ont vécu deux ans. Mais c'est mieux de l'avoir dit comme ça : c'est plus simple.

Au début du film, alors que les dialogues sont prégnants, j'ai pensé à du Jean-Luc Godard. Mais rassurez-vous, ce film n'est pas chiant, il est magnifique.

Ils rejoignent un trou noir avec son « horizon des événements ». Mais il y a eu un incident et le paradoxe temporel s'accentue : en trois semaines ils ont parcouru 50 années-lumière ! En fin de compte ils se retrouvent à plus de 10 000 années-lumière.

Mais cela ne les empêche pas (ils sont cinq : deux femmes et trois hommes) de faire chacun leurs petits trucs dans leur coin.

« Nous sommes les cinq représentants d'une espèce disparue ! » S'exclame un personnage. Ensuite, le débat devient philosophique : « faut-il rentrer ou ne pas rentrer ? » Le conflit s'installe. L'hypothèse avancée par le personnage le plus mystérieux est simple : y a-t-il une piste, un chemin qui permet de « circuler » dans l'univers, en termes de milliers d'années-lumière, d'un trou noir à l'autre ? Vers un Grand Tout ou un Grand Rien ? Si c'est le cas, ce ne peut pas être un hasard ! « Quelqu'un l'a tracé ! » Et si cela avait la Terre pour origine ?

Ce film est excellent. Très excitant. Je lui souhaite un ÉNORME succès. Contribuez-y en allant le voir. De la superbe SF !

Docteur Strange de Scott Derrickson (2016)
Prologue mystérieux et violent.
Superbe accident de voiture de Docteur Strange : il a les mains bisées ! C'est terrible pour un grand chirurgien.

Un petit voyage au Népal et… l'âme, les multivers, le bien et le mal.
« Le code source qui façonne le réel. »
L'acteur qui joue Docteur Strange est celui qui jour Sherlock Holmes dans l'une des séries.
On s'ennuie avec cet entraînement du Dr Strange.
« Je suis venu guérir mes mains, pas participer à une guerre mystique. »
Il sera pourtant bien obligé !
Tout est bien qui finit bien.
Presque deux heures de bagarres invraisemblables. C'est lassant comme bien de ces films.
Il y a une scène après le générique.
« Il y a trop de sorciers », annonce la suite.

ARQ de Tony Elliot (2016)
L'ARQ est une machine qui n'emprunte aucune énergie à l'extérieur car elle crée une « boucle temporelle » tous les 3 heures 14 minutes et 15 secondes qui la ramène à chaque fois au moment où elle a le plein d'énergie. On peut bien sûr de la validité de cette hypothèse en physique, mais admettons.
On a donc affaire au même genre de scénario que dans le film **Un jour sans fin** de Harold Ramis (1993). Ici nous avons une explication « scientifique » au phénomène.
Le film est fauché (même lieu, peu d'acteurs…) mais bien mené.

Nous sommes dans un futur apocalyptique. Le monde est à l'agonie. Torus domine le monde et le Bloc l'affronte. Un jeune physicien a créé l'ARQ. Cette machine est convoitée à la fois par Torus et par le Bloc. Il y a trahison dans chaque camp, mais à chaque fois qu'une nouvelle boucle temporelle se déroule, les protagonistes se souviennent de la précédente et en tiennent compte pour leur tactique de défense ou d'attaque.

Au début du film, on peut s'inquiéter du *bis repetita*, mais le scénario est bien mené avec une découverte à chaque boucle et des coups de théâtre.

Pas mal du tout.

TRAVELERS

Séries télé

La Quatrième dimension. Série culte américaine des années 1959 à 1964 créée par Rod Serling. 151 épisodes. Noir et blanc. L'écrivain de science-fiction Richard Matheson (*Journal d'un monstre*, *L'homme qui rétrécit*, *Je suis une légende*...) a écrit les scénarios de plusieurs épisodes. Des histoires qui faisaient frémir à l'époque et qui, pour beaucoup d'entre elles, n'ont pas vieilli. Je me souviens de *L'auto-stoppeur*, histoire affreuse d'une hantise par un auto-stoppeur à laquelle Michael Gornick a rendu hommage dans le *Creepshow 2* (1987). Les thèmes sont une espèce de miroir de notre société et de nos peurs révélées grâce à un humour grinçant comme dans *Les Envahisseurs* dans lequel une pauvre fermière lutte à mort contre de petits astronautes qu'elle prend pour des envahisseurs et qui s'avéreront être une expédition américaine revenue sur terre en petite dimension. Cette série n'a jamais été égalée.

« Nous sommes transportés dans une autre dimension, une dimension faite non seulement de paysages et de sons, mais surtout... d'esprits. Un voyage dans une contrée sans fin dont les frontières sont... notre imagination. Un voyage au bout des ténèbres où il n'y a qu'une destination : la Quatrième dimension. »

Au-delà du réel. Série américaine en 49 épisodes noir et blanc de 1963 à 1965. Par Leslie Stevens et Ben Brady. Peu connue en France, cette série est, à l'époque, celle qui mêle le mieux fantastique pur, terreur et science-fiction. Chaque générique fait entendre le commentaire suivant : *« Ce n'est pas une défaillance de votre téléviseur, n'essayez donc pas de régler l'image. Nous avons le contrôle total de l'émission, contrôle du balayage horizontal... contrôle du balayage vertical. Nous pouvons aussi bien vous donner une image floue... qu'une image pure comme le cristal. Pour l'heure qui vient, asseyez-vous tranquillement. Nous contrôlerons tout ce que vous verrez et entendrez. Vous allez participer à une grande aventure et faire l'expérience du mystère avec :... AU-DELÀ DU RÉEL ».*
Elle est reprise aujourd'hui avec le titre *Audelà du réel, l'aventure continue,* de nombreux épisodes couleur. 1994 – 1996. Le même commentaire est repris avec un générique très fantastique plein d'effets spéciaux. Cette série poursuit la tradition d'un mélange d'histoires d'extraterrestres effrayantes et de fantastique. Il y a plusieurs sortes d'extraterrestres. Ceux du film pilote d'abord ; des espèces d'insectes ramenés de Mars par une expédition scientifique, élevés en fraude par un chercheur dans sa grange. Quelle imprudence ! Il y a un sénateur qui découvre des extraterrestres et commence à lutter contre eux avant de s'aperce-

voir qu'il en est un aussi. Un extraterrestre qui envahit le corps d'une jeune vierge qui absorbe alors ses amants pour nourrir le monstre qui est en elle. Un épisode résume toutes les histoires d'extraterrestres : *La Voix de la raison*. Un autre épisode développe d'une manière originale le thème du robot avec *Valérie 23*. D'autres histoires sont de la terreur pure comme cette histoire de maison hantée dont les murs sont vivants. La science-fiction pure est aussi présente avec un épisode comme *Avenir virtuel* dans lequel une machine à images virtuelles permet de voir l'avenir proche. Beaucoup d'inventions dans les scénarios font de cette série une véritable anthologie.

Docteur Who. Série britannique de 695 épisodes (!) En noir et blanc pour les six premières saisons et couleurs ensuite. 1963 à 1981. Vous connaissez les Daleks ? Non ? Ce n'est pas étonnant, car cette série culte en Grande-Bretagne est peu connue en France puisqu'elle n'a fait qu'une brève apparition sur nos petits écrans en 1989. Voyages dans le temps et lutte contre les Daleks, le Mal personnifié... En 1996, Geoffrey Sax a réalisé un film pour la télévision, *Le Seigneur du temps*, qui rend hommage à cette série.

Code quantum. Série américaine de 93 épisodes couleur créée par Donald P. Bellisario.

1989 – 1993. « *Tout a commencé alors que je dirigeais une expérience de voyage dans le temps appelée Code Quantum...* » Déclare le docteur Sam Beckett au début. Effectivement, à la suite d'une expérience ratée, Sam Beckett est transporté dans les corps de différentes personnes (une par épisode) qui prennent sa place. Chaque épisode est donc l'occasion d'une petite histoire morale et sentimentale, miroir de notre société depuis les années cinquante et surtout de la vie américaine. Dans l'épisode pilote, il se retrouve dans la peau d'un pilote d'essai. Bon ! Je ne vais pas faire la liste de tous les personnages. Par contre, il faut souligner l'exploit formidable de l'acteur Scott Bakula qui joue tous ces rôles. Un autre personnage est sympathique et étrange, c'est Al Calavicci, l'amiral, qui n'apparaît que sous forme d'image holographique ce qui donne l'occasion de surprenants effets spéciaux dont on prend vite l'habitude. Il communique avec le poste de commandement, celui que Beckett voudrait bien rejoindre, grâce à une espèce de machine à calculer avec plein de lampes et qui tombe souvent en panne. Quel suspens !

Aux Frontières du réel - X-Files. Série télévisée américaine en couleurs de Chris Carter. 1993 – 1997. 9 saisons ! Les aventures de Fox Mulder et Dana Scully, agents du FBI, en lutte contre les services secrets du gouvernement et les extraterrestres, enquêteurs des phéno-

mènes paranormaux aux États-Unis. Cette
série passionnante a plusieurs originalités.
D'abord, les deux héros sont des deux sexes.
Celui qui croit aux extraterrestres est
l'homme, Fox, et celle qui n'y croit pas est la
femme, Dana. De nombreuses scènes les
montrent en pleine discussion passionnée sur
ce sujet, Dana restant intraitable, mais très
fidèle. Le téléspectateur sait, lui... Ensuite, la
plus qualifiée est la femme, Dana. C'est elle
que l'on voit souvent en train de pratiquer une
autopsie, scènes qui lui donne une aura de
femme de haute formation, d'abord, mais surtout, d'une femme qui n'a peur de rien ! Elle
est même enlevée par les extraterrestres, ce
qui nous donne un épisode avec Mulder seul,
Les Vampires. Ce scénario a été rendu obliga-
toire par le gros ventre de l'actrice qui était
enceinte et qui a accouché le temps que Mulder enquête sur les vampires. Ce gros ventre
a d'ailleurs servi pour une scène terrifiante
d'expérience des extraterrestres sur Scully.
Plusieurs scénarios sont directement inspirés
de films célèbres. Hommage ou pillage ? Il en
est ainsi, par exemple de *Projet arctique* qui
reprend les thèmes de *The Thing* (1982) re-
make de John Carpenter, jusqu'au chien qui
transporte la créature monstrueuse et tueuse.
Dans *Faux frères siamois*, le scénariste Darin
Morgan rend hommage au chef-d'œuvre de
Tod Browning *Freaks – la monstrueuse parade*
(1932), mais aussi aux films de David Cronen-

berg. L'histoire de *Métamorphose* ressemble beaucoup au film *Wolfen* (1980) de Michael Wadleigh qui montre les Indiens qui se transforment en loups-garous ; *L'incendiaire* reprend la même idée que *Spontaneous combustion* (1990) de Tobe Hooper ; *Eve* qui raconte l'histoire de petites filles mutantes et meurtrières rappelle *Chromosome 3* (1979) de David Cronenberg... La série s'inspire également de problèmes d'actualité, comme celui de la maladie de Creutzfeld Jacob liée à l'alimentation des animaux de boucherie dans *Le Musée rouge*. D'autre part, les épisodes puisent dans le vaste chaudron des thèmes du fantastique : vampires, monstres, mutants, assassins, possession, hantises, vaudou, pouvoirs paranormaux, et, surtout, extraterrestres malveillants qui enlèvent des êtres humains pour en faire des objets d'expériences, avec, semble-t-il parfois, la complicité du gouvernement, ce qui ne facilite pas la tâche de nos deux agents fédéraux. Deux films ont été réalisés par Chris Carter : *X-Files, le film* (1997) et un autre : *X-Files regenerations* (2008)

Pour une vision complète de cette série avec une chronique par épisode jusqu'à la 10e saison, se reporter à mon ouvrage publié chez sfm éditions : **X-Files le guide.** Il y a eu une onzième saison !

Babylon 5, la cinquième dimension (Jésus S. Trevino 1998). Film TV pilote de la dernière saison de cette série culte. Notons de suite qu'ici aussi on s'en fiche de savoir que dans le vide spatial le son n'est pas transmis et, donc, on n'entend rien. Bon, mais ils ne sont pas les seuls. Le grand Cthulu est de retour ! Lovecraft n'est pas mort, car il inspire toujours de nombreuses histoires comme celle-ci. « *La porte va s'ouvrir* », déclare la jolie télépathe Lyta... Car, nos amis de Babylon 5 découvrent dans l'hyper espace un engin vieux d'un million d'années qui doit ouvrir cette porte. « *Nous leur appartenons* » scandent les pauvres êtres possédés par ces entités de l'au-delà. Le gothique, à la mode, est aussi présent, puisque le plan de l'engin ressemble à celui d'une cathédrale et son intérieur aussi. Les scénarios de séries télévisées sont intéressants à étudier, car ils montrent bien les idées majoritaires dans l'air du temps. Ainsi, le type de scénario suivant est fort répandu en cette année 1998 : un « engin » (un artefact, comme disent les archéologues...) mystérieux est trouvé. Un être humain ambitieux (ou manipulé par l'engin) fait tout pour le mettre en marche et ouvrir les portes de l'enfer. Dans *Sphere* (1997) de Barry Levinson, c'est un vaisseau spatial sous la mer, dans *Event Horizon* (1997) de Paul Anderson, c'est un vaisseau disparu puis réapparu, dans *Wishmaster*

(1997) de Robert Kurzman, c'est un bijou qui fera venir le djinn...

Stargate SG1 – Atlantis – Universe
Stargate SG1

Stargate SG1 est un développement du film "Stargate" dans lequel est découvert un artefact en Égypte en forme de cercle et qui permet de se rendre sur une autre planète. Ainsi, les pyramides égyptiennes sont en réalité des systèmes d'atterrissage d'extraterrestres qui ont déporté des humains sur une planète nommée Abydos. Sur cette planète règne Ra, le Dieu égyptien qui s'avère être un extraterrestre aux terribles pouvoirs.

Deux personnages de ce film sont repris dans la série : le colonel Jack O'Neill et le docteur Daniel Jackson. Ils ne sont pas joués par les mêmes acteurs que dans le film. On est un peu gêné au début, mais ensuite on s'habitue. Jack O'Neill est joué par Richard D. Anderson (celui qui avait joué Mike Gyver) et Jackson par Michael Shanks.

Brad Wright et Jonathan Glassner ont développé ce thème pour la télévision et en ont fait une des meilleures séries de SF (pour moi c'est la meilleure).

Ils ont imaginé que des milliers de planètes de la galaxie (puis d'autres galaxies) possèdent une porte des étoiles. Et qu'ainsi on peut voyager dans ces planètes, qui pour beaucoup d'entre elles sont peuplées d'êtres humains venus de la Terre et déportés là par des extra-terrestres, les Goa'ulds, qui se font prendre pour des dieux.

L'armée de l'air américaine organise donc des unités spéciales d'exploration de ces planètes nommées SG (pour Star Gate). La plus prestigieuse d'entre elles est SG1.

Elle est composée de quatre personnes : le colonel O'Neill (qui sera promu au grade de général), le capitaine Samantha Carter (qui sera promue au grade de lieutenant-colonel), le docteur Daniel Jackson et Teal'c, un extra-terrestre Jaffa.

Cette équipe est composée de deux scientifiques : le colonel Samantha Carter - une très grande physicienne capable de se mêler de mécanique quantique et de cosmologie - et le docteur Daniel Jackson - anthropologue, spécialiste des mythologies et des langues anciennes (et modernes d'ailleurs). C'est de la science fiction pure.

Le personnage de Carter est le personnage le plus intéressant de la série. Elle personnifie l'émancipation de la femme (ce qui plaît beaucoup à de jeunes fans féminines de la série) : une femme séduisante (très "sexy" comme aime à le répéter Rodney Mc Kay), mais aussi très guerrière et très savante. Elle joue un rôle décisif dans l'équipe. Carter c'est l'anti Bimbo, mais elle est belle et intelligente. Voici ce que dit Amanda Tapping dans un des bonus du DVD : « Mon personnage est un mélange de

Jack O'Neill et Daniel Jackson. Une sorte d'hybride. (...) Le but de cette série est de divertir le public, lui permettre de se poser des questions en l'emmenant ailleurs pour qu'il se demande : "Est-ce possible ?" Oui ! ça l'est. »
Daniel Jackson est un peu caricatural avec son air ahuri (l'acteur n'est pas excellent il faut le dire) et Jack O'Neill aussi avec son humour un peu lourd. Quant à Teal'c il est à l'image de son physique : lourd et renfermé. Il exprime des mots et des formules assez étudiées par les scénaristes afin de montrer ses difficultés à comprendre notre civilisation. Il répète souvent « En effet » pour simplement exprimer on accord et ces deux mots seront les derniers de la série dans le dernier épisode (1020 "Le Temps d'une vie")
Si nous sommes antimilitaristes, ne nous laissons pas rebuter par l'organisation militaire : O'Neill est un indiscipliné chronique et seule carter est très disciplinée, car elle a hérité cela de son père qui était général. D'autre part, il n'est jamais question de défendre l'impérialisme, au contraire, le docteur Jackson (avec souvent un peu de niaiserie) est là pour défendre les intérêts des peuples et des cultures.
Il y a bien sûr de nombreux personnages secondaires que nous retrouverons avec plaisir dans le récite des épisodes ci-dessous : le sergent Siler (qui se balade toujours avec une clé anglaise à réparer quelque chose), le ser-

gent qui ouvre la porte et décline « chevron un enclenché », etc. qui finira par avoir un nom bien tard dans la série...

On peut également être surpris de constater que tous les peuples humains rencontrés parlent la même langue que les explorateurs. C'est une ellipse nécessaire à cause de la courte durée (42 minutes) d'un épisode. On voit mal consacrer la moitié de chaque épisode à la traduction !

Enfin, la série connaît de nombreuses histoires d'amour. La plus récurrente est celle entre Carter et O'Neill qui, comme c'est toujours le cas dans les séries télé, est un amour impossible. Mais aussi avorté, car, l'acteur Richard D. Anderson qui joue O'Neill a quasiment quitté la série à la saison 8, car il en avait marre d'être éloigné de sa famille, le tournage de la série se déroulant à Vancouver.

Cette série reprend bien des thèmes de la série "Au-delà du réel, l'aventure continue", avec les mêmes réalisateurs pour certains épisodes, comme Mario Azzopardi pour le pilote de SG1 et d'autres épisodes. Les producteurs sont les mêmes pour les deux séries. Elle a été tournée sur les mêmes lieux que X-files et on retrouve souvent dans SG1 et Atlantis des acteurs de X-files, comme Mitch Pileggi (Walter Skinner dans X-files), Robert Patrick (John Doggett dans X-files) et d'autres. Amanda Tapping a joué dans "Au-delà du réel l'aventure continue", saison 4 épisode 13 "Le

Raid des Vénusiens", Dans la série Millenium (le X-files bis de Chris Carter) dans l'épisode10 de la saison 3 "Sursis" (elle n'y est pas doublée par la même comédienne française) et dans X-files saison 3 épisode 21 "La Visite", dans lequel elle subit une autopsie par Dana Scully.

De nombreux acteurs de la série "Au-delà du réel, l'aventure continue" jouent dans SG1.

Don S. Davis, qui jour le général Hammond dans SG1 joue le père de Dana Scully dans X-files et Megan Leicht (que l'on voit dans quelques épisodes de SG1) joue le rôle de la sœur de Mulder : Samantha. Nous voyons aussi dans SG1 l'acteur qui joue "L'homme à la cigarette" dans X-files (dans SG1 c'est un prêcheur Ori).

Teryl Rothery qui joue la délicieuse docteur Frasier dans SG1 (jusqu'à l'épisode 718 "Heros 2" où son personnage meurt) joue dans l'épisode 11 de la saison 2 de X-files "Excelsis Dei" (elle joue l'infirmière dans la maison de retraite).

On reconnaît également bien des lieux communs entre les deux séries.

Ce qu'il leur est arrivé !

Nos quatre amis de l'équipe SG1 ont subi bien des vicissitudes tout au long des plus de 200 épisodes de la série...

Ils ont tous été soumis à des transformations (sauf Teal'c je crois). Ils ont eu leur double robotique ou autres et aussi des doubles dans des réalités parallèles : Carter, O'Neill, Jackson, Teal'c.

Carter a été infectée deux fois par un Goa'uld O'Neill une fois (0301).

Les méchants ne le sont jamais complètement, car ils ont leur motivation pour l'être et des excuses (y compris les Goa'ulds, devenus méchants à cause de leur sarcophage de survie)... et les gentils sont parfois devenus méchants. Les gens sont tous gentils (comme Jackson dans le 0205) mais le Mal peut les habiter parfois.

Le thème de la possession par un être extérieur est omniprésent.

Les religions n'ont pas la cote malgré la tolérance de Jackson qui frise parfois la niaiserie. Ce thème sera hypertrophié avec les Oris dans les deux dernières saisons et le film *L'arche de la vérité*.

Enfin quasiment tous les amours sont impossibles, particulièrement ceux de Carter avec O'Neill (surtout dans la saison 4, mais on ne sait pas ce qu'ils font dans les derniers épisodes de la série...), Martouf, Pete avec lequel elle a failli se marier... Mais aussi Jackson avec Sha're et Linea... Même O'Neill connaîtra des amours impossibles ici ou là... Seul Teal'c semble toujours connaître l'amour épanoui...

De Stargate SG1 à Stargate Atlantis et Stargate Universe

À partir des deux derniers épisodes de la saison 7 de Stargate SG1 (21 et 22 : "La Cité

perdue") est né le "Spin Off" de Stargate SG1 : Stargate Atlantis. Voir ci-dessous le récit de ces deux épisodes. À partir de la découverte d'une base des Anciens en Antarctique, on découvre que ces derniers viennent d'une autre Galaxie, celle de Pégase et on retrouve leur cité, la cité d'Atlantis. Là-bas est installée une base terrienne internationale sous le commandement du docteur Elizabeth Weir. Cette dernière est jouée dans les épisodes 721 et 722 de SG1 par Jessica Steen une blonde plaisante et par Torri Higginson une brune plaisante dans les épisodes 801 et 802, et ensuite, dans les saisons 1 à 3 de Stargate Atlantis. Elle sera remplacée par Samantha Carter dans la saison 4. cette dernière, occupée par sa nouvelle série "Sanctuary" quitte cette fonction dans la saison 5 remplacée par l'ineffable Woolsey (joué par Robert Picardo) ... Ce personnage, comme beaucoup de personnages de la série, connaît une évolution assez surprenante. L'actrice Torri Higginson (Elizabeth Weir en brune) n'aime pas qu'on lui pose la question sur ce changement de comédienne pour ce rôle. Quand elle a été engagée, elle ne savait pas que le rôle avait été interprété par une autre actrice pendant deux épisodes.
Les hommes et les femmes d'Atlantis connaîtront un ennemi terrifiant : les Wraiths.
Les Wraiths sont des êtres intelligents de la galaxie de Pégase où se trouve Atlantis. Cette race est née d'une symbiose entre des hu-

mains et un insecte. Ils ont la particularité atroce de ne pouvoir se nourrir que des êtres humains en leur aspirant leur énergie vitale par un orifice placé sur la paume de leur main droite.

Un "E2PZ" (ZPM en anglais) est une petite machine légère inventée par les Anciens qui permet d'extraire l'énergie du vide. Cette série, aussi bien que Stargate SG1 utilise beaucoup de concepts de la mécanique quantique (aujourd'hui on dit la physique quantique des champs...)

Les Anciens sont la race (aujourd'hui disparue) qui a construit la cité d'Atlantis dans la galaxie de Pégase et qui avait également laissé divers artefacts sur Terre, artefacts qu'on a retrouvés en Alaska. Cette découverte (relatée dans Stargate SG1) a été le début du spin off de Stargate SG1 : Stargate Atlantis.

L'action de "Stargate : Universe" se situe principalement sur le *Destiny*, un vaisseau spatial utilisé autrefois par les Anciens pour une expérience. Elle a eu lieu il y a des millions d'années, mais ne fut jamais aboutie ; elle consistait à voyager dans les contrées les plus reculées de l'univers grâce au neuvième chevron de la Porte des Étoiles et deux appareils : un vaisseau automatique chargé de placer les Portes suivi par un autre chargé proprement dit de l'exploration.

C'est sur ce vaisseau qu'embarqueront les héros de la nouvelle série, qui sera justement centrée sur les explorations et les avancées permises par ce 9ème chevron...

L'action démarre sur les chapeaux de roue avec la sortie très violente de nombreuses personnes d'une porte des étoiles dans un endroit clos. Puis par une série de flash-back, on apprend petit à petit comment tous ces gens sont arrivés là, sur un vaisseau des Anciens.

La réalisation est excellente. Le scénario très recherché et il s'appuie bien sur toute la mythologie des portes des étoiles. Les fans de Stargate SG1 et Stargate Atlantis n'ont pas été déçus j'en suis sûr.

On prend un grand plaisir à revoir Jack O'Neill (l'acteur a pris un sacré coup de vieux...), Samantha Carter et Daniel Jackson qui jouent un rôle important au début, car la porte des étoiles aux neuf chevrons a été découverte sur la planète des Anciens. Mais elle a été attaquée par des Goa'ulds et il faut fuir, car la planète va exploser. Au lieu de composer les coordonnées de la Terre sur la porte des étoiles, le professeur compose l'adresse avec le neuvième chevron qui emmène toute la colonie dans un vaisseau Ancien antédiluvien.

Il y a de nombreux personnages. La difficulté est de les faire vivre tous. Mais cela fonctionne très bien : chaque personnage prend bien sa place et son caractère bien campé ainsi qu'une esquisse de son histoire personnelle.

Comment la science fiction moderne intègre-t-elle les dernières découvertes

de la mécanique quantique ?

De grands auteurs américains de hard science le font avec plus ou moins de bonheur.

Au cinéma c'est assez rare; j'ai détecté cette utilisation dans le film "Déjà vu" assez intéressant sur les voyages temporels. L'explication scientifique tient assez la route.

Je suis en train d'étudier les séries "Stargate" (SG1 et Atlantis) et là c'est le summum.

Toute l'intrigue "scientifique" de la série est basée sur la mécanique quantique. Les "discours" scientifiques de Carter semblent incompréhensibles pour le commun des mortels (et surtout pour O'Neill), mais en réalité quand on écoute bien, les fondements scientifiques sont assez solides.

D'autre part, tout le système de base de l'intrigue est axé sur la théorie de la mécanique quantique : les portes des étoiles, l'E2PZ (qui utilise l'énergie du vide...), etc.

Dans un épisode dans lequel Carter fait un exposé scientifique à des étudiants, on voit clairement sur le tableau derrière elle un diagramme de Feynman....

Franchement il y a un vrai effort de réalisé pour rendre crédible les "inventions" scientifiques de la série à partir de la mécanique quantique (également de la théorie de la relativité, mais cela est moins nouveau...)

Cet "apport" scientifique vient m'a-t-on dit de Brad Wright l'un des deux producteurs exécutifs et scénariste...

Voici ce que dit Amanda Tapping à ce sujet :
« Maintenant, je m'enferme régulièrement dans des bibliothèques scientifiques pour décrypter les dernières trouvailles en astronomie. Ce n'est pas toujours évident à mémoriser, mais c'est indispensable pour mon rôle dans Stargate, car, parfois, je dois enchaîner vingt phrases de bla-bla technique... et j'ai réalisé que tout était plus simple quand on comprenait le script ! »
Le film de la série avec voyage dans le temps :
Stargate Continuum de Martin Wood (2007)
Scénario Brad Wright
On est de suite dans l'ambiance au SGC : les quatre de SG1 (dont les deux colonels) marchent dans les couloirs en tenue militaire couleur sable. Ils se rendent vers la porte des étoiles. L'ineffable Vala arrive évidemment en retard. Heureusement, ce personnage va vite disparaître... L'actrice va jouer le rôle du Goa'uld que Vala fut autrefois. SG1 se rend sur la planète To'kra pour assister à l'extraction du parasite Goa'uld de Ba'al. Sur place ils retrouvent Jack O'Neill. La scène des derniers moments de Ba'al est stressante : tout est fait par le réalisateur pour suggérer que ce ne sera pas la fin du Goa'uld ! Il VA se passer quelque chose...
Puis, alors que Vala et Teal'c disparaissent mystérieusement, on nous emmène en 1939 dans un cargo qui navigue sur l'Atlantique

nord. Il transporte une mystérieuse cargaison dont on va deviner la nature en entendant le bruit qu'elle fait soudain.

Tout cela est excellemment filmé.

Il se passe donc de drôles de choses sur la planète To'kra où doit se dérouler l'exécution du parasite Goa'uld de Ba'al : après les disparitions de Vala et Teal'c, Ba'al tue Jack o'Neill avant d'être tué et les trois rescapés (Cameron, Carter et Jackson) reprennent la porte des étoiles pour arriver... sur le bateau dont je viens de vous parler plus haut !

Une de ces histoires de réalités parallèles, de paradoxe temporel, toujours si bien traitées dans la série.

Nos trois amis devront donc régler ce "paradoxe", contre Ba'al et sa compagne (la Vala infectée par son Goa'uld) et contre les autorités de la Terre de cette nouvelle réalité.

Ce deuxième film est à la hauteur de la série et du film précédent. Le scénario reprend tous les thèmes de la série avec une très belle réalisation.

Vivement le prochain !

Pour une vision complète de cette série avec une chronique par épisode jusqu'à la 10e saison, se reporter à mon ouvrage publié chez sfm éditions : ***Stargate le guide.***

Les 4400 de Scott Peters, René Echevarria (créée en 2004)
4 saisons 45 épisodes

Cette série a été arrêtée en 2007 brutalement, à cause de la grève des scénaristes.

Un jour, 4400 personnes disparues au cours du vingtième siècle réapparaissent comme par enchantement... Elles ont conservé l'âge qu'elles avaient au moment où elles ont disparu...

Et, cerise sur le gâteau, elles ont des pouvoirs, des dons particuliers...

La série est centrée sur le service policier qui est chargé de suivre cette affaire, et notamment deux policiers du FBI : Tom Baldwin et Diana Skouris.

Cette série est très lovecraftienne !

Voici ce que j'en dis dans mon livre *Lovecraft au cinéma*...

Les deux premiers épisodes de la 2e saison mettent en avant des œuvres de Lovecraft (*Les Montagnes hallucinées et Dans l'abîme du temps*). La "Guest Star" de l'intrigue n'est autre que Jeffrey Combs qui a joué Herbert West dans la série des films *Re-animator* ! Puis tout au long d'épisodes suivants, il se montre toujours avec une seringue pleine d'un liquide fluorescent, comme dans ces films justement !

La série laisse sur sa faim. L'acteur qui joue le rôle de Tom en fait trop. Les derniers épisodes (calqués sur *L'affaire Charles Dexter Ward* de Lovecraft) le voient passer de manière caricaturale d'une personnalité à une autre...

Fringe (2008) de J.J. Abrams, Alex Kurtzman, Roberto Orci.
5 saisons 90 épisodes
Cette série se prend des airs de X-files au début, mais assez rapidement elle montre une réelle originalité. Mine de rien, elle est très influencée par l'œuvre de Lovecraft, notamment les mondes parallèles, les doubles identités, les transformations corporelles et mentales. Ouvrir la porte entre les deux mondes c'est très dangereux ! D'ailleurs celui qui l'a fait est maudit à jamais. Il y a aussi, la folie, l'asile de fous, les laboratoires mystérieux, les livres maudits, les phénomènes incroyables. Et puis une petite ambiance gothique...
Les inscriptions qui indiquent les noms de lieux sont composées de lettres en 3D suspendues dans l'espace.
L'action se déroule à Boston, à quelques encablures de Providence, la ville natale de Lovecraft.
L'épisode N°10 de la deuxième saison envoie carrément la couleur !
Un patient de l'asile où Joseph Slater a été clandestinement opéré du cerveau s'appelle...
Stuart Gordon ! Quelques secondes plus tard, un plan indique que nous arrivons au « Dunwich Mental Hospital ».
Cet épisode montre cette éternelle quête de la porte pour passer d'un monde à l'autre.

Heroes de Tim Kring (Créée en 2006, arrêtée en 2010)

4 saisons 78 épisodes

Au début on est fasciné par les personnages et la manière dont ils découvrent leur pouvoir.

L'explication de ces pouvoirs tient à l'évolution selon Darwin, l'espèce humaine évolue...

Ces super-héros, souffrent de leurs pouvoirs. Certains en deviennent fous, psychopathes dangereux comme Sylar.

D'autres comme Hiro le Japonais, veulent l'utiliser pour sauver le monde, car il a le pouvoir de changer l'espace-temps...

Puis, les scénaristes emmènent le spectateur dans un labyrinthe duquel il n'arrive plus à sortir. Les personnages sont nombreux et le destin de chacun d'entre eux est découpé en rondelles qui s'intercalent et on est vite perdu. Il y a un certain sadisme du scénariste qui frise le manque de respect pour le spectateur.

Ces énormes pouvoirs permettent des faits incroyables desquels on ne peut pas s'en sortir. À chaque fois on se dit : « Ah ! là ils sont forts, comment vont-ils s'en sortir ? » Et à chaque fois on est déçu ! C'est trop facile, le méchant change d'avis, ou c'est le gentil qui a le plus de pouvoirs...

Les méchants deviennent gentils et vice versa... On perd tout point de repère.

Sylar meurt je ne sais combien de fois pour renaître à chaque fois. C'est exaspérant, car on n'est pas surpris, après quelques épisodes on sait exactement ce qu'il va se passer !

Le seul personnage intéressant qui est bien travaillé est le seul qui n'est pas un Heroe, c'est Noah Bennet, l'agent de la compagnie qui enlève les Heroes...

La série est émaillée de voix off avec une philosophie de comptoir, utilise les procédés narratifs les plus éculés comme les gens qui écoutent aux portes, les personnages parlent beaucoup trop...

La dernière saison est centrée sur une fête foraine dans laquelle le leader rassemble petit à petit les heroes car leur proximité lui donne un pouvoir très fort. Il s'appelle Samuel.

Le personnage est une caricature. Il ne tient pas debout. La manière dont il manœuvre les gens est grossière. Les scénaristes sont des fainéants, ils ne font aucun effort pour respecter le spectateur...

Évidemment, cette saison, la fête foraine avec ses attractions et ses « monstres » se réfère à Freaks le film de Tod Browning (1932), mais ça ne suffit pas pour en faire aussi un chef-d'œuvre !

La série **Supernatural** (depuis 2005 – 14 saisons) comporte des épisodes avec voyage dans le temps.
0712
Les incorruptibles

On pense au film évidemment. Mais d'ailleurs l'épisode est entièrement inspiré du film. À part le voyage dans le temps... On retrouve en 1944 avec les incorruptibles. Dean parle de « gardiens » de la Crypte. Sans doute fait-il allusion à la série TV [**Contes de la Crypte**]. Pendant ce temps Sam enquête pour trouver Dean. Il faut retrouver Chronos. Dean est inspiré du film [**Retour vers le futur 3**] pour envoyer un message vers le futur.

1114

L'Arche d'alliance

Une partie du premier film d'[**Indiana Jones**] 1943 : occupation nazie en France. Les histoires d'occultisme nazi ont produit une tonne de films de série B et surtout [**Indiana Jones**] et la série des [**Hellboy**]...

Ici il s'agit de la Main de Dieu qu'il serait bien de posséder pour lutter contre Amara... Les solutions sont toujours compliquées à obtenir dans la cadre du surnaturel.

Lucifer, devenu le roi de l'enfer, a mis Crowley en esclavage. Lucifer est toujours dans le « pyjama » de Castiel/Novak.

Dean retourne dans le passé, dans un sous-marin anglais, pendant la Deuxième Guerre mondiale. Mais il y est envoyé par Castel/Lucifer, et Dean ignore que Lucifer habite Castiel.

[**Flash Gordon**] (pas chroniqué ici) est plusieurs fois cité dans le sous-marin.

Superbe épisode avec de très beaux décors (l'intérieur d'un sous-marin anglais de la Deuxième Guerre mondiale) et effets spéciaux. Pour récupérer Dean, il faut utiliser un sort qui demande de nombreux ingrédients, dont le pouvoir d'un archange. Heureusement, Lucifer en est un d'archange... Donc Lucifer est démasqué !

1213
Family Feud

Le réalisateur (et les scénaristes) utilise tous les procédés cinématographiques pour nous faire croire qu'il va se passer quelque chose, mais après chaque plan il ne se passe rien, sauf dans le dernier plan, bien sûr.

Mary bosse toujours pour les Hommes de Lettres British. Crowley explique à Lucifer, et donc au spectateur aussi, pauvres spectateurs, comment, lors du 1208, il l'a obligé à réintégrer son ancien véhicule (je ne mets plus les guillemets...) réparé, mais enchaîné avec le même métal que celui de la cage de l'enfer (procédé scénaristique trop facile...)

En attendant, Sam et Dean enquêtent sur deux meurtres étranges. Des fantômes ? On nous montre Kelly (vous vous souvenez la jeune fille enceinte du Nephilim de Lucifer ?)

Dans le musée des meurtres, il y a un vestige du navire coulé en 1723 dans lequel se trouvait le fils de Crowley.

Kelly est sauvée par Dagon qui veut protéger l'enfant d'un archange (même s'il est déchu, c'est quand même un archange).

Sam et Dean ont retrouvé Gavin, le fils de Crowley pour avoir des infos sur L'Étoile, le navire dont le vestige du musée a engendré des fantômes. Le fantôme serait Fiona, l'ancienne fiancée de Gavin. Ah ! La famille Crowley. Encore une fois une histoire de voyage dans le temps, mais toujours sans machine à voyager dans le temps.

Mary annonce à ses fils qu'elle travaille pour les Hommes de Lettres. Et cela ne leur plaît pas du tout. Surtout à Sam qui a été torturé à mort par une des leurs.

« Je suis ta mère chérie, qui mieux que moi peut briser ton cœur rabougri ? » Ricane Rowena à l'intention de Crowley.

La chanson des Rolling Stones pendant que la caméra se rapproche de Lucifer enchaîné :

Bust don't play with me cause you're playing with fire

Now you've got soma diamonds and you will hare some others but you'd

So don't play with me cause you're playing with fire

So don't you play with me cause you're playing with fire...

"Dagon!" Soupire Lucifer...

La chanson des Rolling Stone date de leurs débuts : "*Play with Fire*" 1965

(de manière générale, toutes ces histoires d'anges et de démon sont hors du temps ! Les noms en gras entre crochets sont des titres de films dont il est question dans l'épisode.)
Voir mon livre consacré à cette série :
Supernatural Intertextualité cinématographique, chez sfm éditions.

12 Monkeys de Natalie Chaidez, Travis Fickett, Terry Matalas (2015-2018 – 4 saisons). Un développement du film **L'armée des 12 singes** de Terry Gilliam (1996). James Cole est envoyé du futur pour essayer d'empêcher la catastrophe qui anéantira l'humanité. Au début, on s'y plaît, puis la série se perd dans les méandres du temps…

Les Voyageurs du temps (Travelers) de Brad Wright (depuis 2016 – 3 saisons). Excellente série d'un spécialiste du genre, qui a fait ses preuves avec l'énorme série Stargate SG1 et ses avatars. Le « directeur » dirigeant du futur (une entité numérique intelligente ?) envoie l'esprit des voyageurs posséder le corps de personnes du passé juste avant leur mort pour essayer de changer l'avenir très sombre de l'humanité. Excellente série qui réussit à se maintenir sur la bonne voie, alors que ces histoires de voyages dans le temps ont tendance à se mélanger les pédales quand on n'y prend pas garde.

GUY PEARCE
SAMANTHA MUMBA
ET JEREMY IRONS
LA MACHINE A EXPLORER LE TEMPS
TIME MACHINE
JUSQU'OÙ IRIEZ-VOUS ?

Filmographie

Voyages dans le temps
Cette filmographie s'arrête en 2004. Elle est sommaire au vu des chroniques de films de ce livre. Mais elle peut donner, d'un seul coup d'œil, une idée de la richesse du sujet.

La Machine à explorer le temps de George Pale (1960) – **La Jetée** de Chris Marker (1962) – **Je t'aime je t'aime** d'Alain Resnais (1968) – **Abattoir 5** de George Roy Hill (1972) – **C'était demain** de Nicholas Meyer (1979) – **Nimitz, retour vers l'enfer** de Don Taylor (1980 – **Terminator 1** et **2** de James Cameron (1984 et 1991) – **Bandits, bandits** de Terry Gilliam (1981) – **The Philadelphia experiment** de Stewart Raffill (1984) et sa suite **The Philadelphia experiment 2** de Stephen Cornwell – **Biggles** de John Hough (1986) – **Retour vers le futur** de Robert Zemeckis (1985) et ses deux suites par le même réalisateur : **Retour vers le futur 2 et 3** (1989 et 1990) – **Freejack** de Geoff Murphy (1991) – **Les visiteurs** de Jean-Marie Poiré (1992) – **Un jour sans fin** de Harold Ramis (1992) – **Star Trek generations** de David Carson (1994) – **Timecop** de Peter Hyams (1994) – **Time-Master** de James Glickenhaus (1994) – **Star Trek premier contact** de Jonathan Frakes (1996) – **Wishmaster** de Robert Kurtzman (1997) – **Sphere** de Barry Levinson (1997) – **Perdus dans l'espace** de Stephen Hopkins (1998) – **Phantasm IV** de Don Coscarelli (1998) – **Les Visiteurs 2** de Jean-Marie Poiré (1999) – **Peut-être** de Klapisch (1999) – **Fréquence interdite** de Gregory Hoblit (2000) – **La machine à explorer le temps** de Simon Wells (2002) – **2009 Lost Memories** de Si-Myung Lee (2002) – **Terminator 3 : le soulèvement des machines** de Jonathan Mostow (2003) – **Paycheck** de John Woo (2003) – **L'Effet papillon** de Jay Mackye Gruver et Eric Bress (2004) – **Les Prisonniers du temps** de Richard Donner (2004)

Si beaucoup se souviennent de *La Machine à explorer le temps* (1895), roman de H. G. Wells, peu se souviennent de *La patrouille du temps* (1960) de Poul Anderson, dont l'auteur de la bande dessinée qui inspire le film *Timecop* a dû tirer ses idées...

INDEX